FISCHER LOUIS

Erinnerungen

Vorwort

„Ich seh’ aus wie ein Mafioso!“ Louis Fischer amüsiert sich über die Begrüßung in dem gemütlichen badischen Lokal im Offenburger Umland, in das seine Frau Gerlinde und er eingeladen haben. Sie lieben diese fröhlichen Runden mit Freunden, alten Vereinskollegen oder ehemaligen Mitarbeitern, bei denen gut gegessen und getrunken, viel gelacht, unvergessene Anekdoten und deftige Witze ausgetauscht werden. Und der Fischer Louis, groß, auch mit knapp neunzig noch immer kerzengerade, hat im langen schwarzen Mantel, mit schwarzem Filzhut und dunkler Sonnenbrille, tatsächlich was von Don Corleone, diesem legendären Mafiaboss aus den Coppola-Klassikern. Sitzt er dann am Kopfende, ein gutes Glas Rotwein in der Hand, lauschen alle andächtig, wenn er vergnügt von „Lumpereien“ erzählt und gesteht: „Ich hab’ b’schisse, aber keiner het’s g’merkt.“

Anders kann es in einer sizilianischen Dorf-Trattoria auch nicht zugehen, wenn das Clan-Oberhaupt aus Amerika anreist. Die Fischers wohnen allerdings auf dem Bürgenstock oberhalb Luzerns oder in Südfrankreich. Seit ein paar Jahren besitzt Louis Fischer neben seinem deutschen auch einen Schweizer Pass. Er fühlt sich wohl bei den Eidgenossen und schätzt den noblen Altersruhesitz. Er hat viel von der Welt gesehen, seine Firma, die Fischer Bau Gruppe, hatte

Niederlassungen in Stuttgart, Berlin, Radolfzell, Bagdad und Algier. Doch immer wieder zieht es ihn auch in die Heimat nach Offenburg, wo er in der Kinzigvorstadt groß geworden ist. Am 31. Oktober 1929 geboren, eine Woche nach dem „Schwarzen Freitag", dem Crash an der New Yorker Börse, wächst Ludwig Wolfgang, so sein Taufname nach Vater und Großvater mütterlicherseits, auf zwischen Weltwirtschaftskrise und Zweitem Weltkrieg. Ein Foto zeigt einen ernsten Jungen mit großen Augen und leicht abstehenden Ohren unter der Seemannsmütze, im doppelreihigen Jackett mit Goldknöpfen, Hemd, Fliege, weißer Hose, weißen Schuhen und Handschuhen vor dem Elternhaus in der Hauptstraße. Der kleine Matrose, der aussieht, als ob er kein Wässerchen trüben könnte, erahnte damals nicht, wohin die Reise führen würde. Heute sind sich allerdings alle, die ihn kennen, einig: Der Fischer Louis war nie ein Kind von Traurigkeit und ist mit allen Wassern gewaschen!

Anfang der 1930er Jahre als kleiner Matrose an Fasnacht.

Louis von Arabien

Es waren die glücklichen Sommer von Bagdad. Die Studentinnen trugen offenes Haar und Miniröcke, ihre Kommilitonen Schlaghosen und eng geschnittene Hemden. Junge Mütter in luftigen Kleidern schoben Kinderwagen durch Grünanlagen mit üppig wachsenden Blumen. Rote Doppeldeckerbusse, Chevrolets und VW-Käfer fuhren über die breiten Straßen einer modernen Stadt. Es gab Cafés, Bars und an die hundert Filmtheater, die zur Zerstreuung einluden.

Al-Baath heißt Wiedergeburt. Und mit der Machtübernahme der Baath-Partei 1968 mit Ahmad Hasan al-Bakr als Staatspräsident und Vorsitzendem des Revolutionären Kommandorates sowie Saddam Hussein als seinem Vize schienen die Träume von Einheit, Freiheit und einem arabischen Sozialismus in Erfüllung zu gehen. Die Landbevölkerung strömte in die Stadt, die als Wiege der Träume galt, und zwischen 1965 und 1977 stieg die Einwohnerzahl Bagdads von 1,5 auf knapp 2,9 Millionen.

Von diesem Boom wollte ein Mann profitieren, 3500 Kilometer Luftlinie, 4880 Straßenkilometer entfernt, in einer badischen Kleinstadt namens Offenburg mit 1975 etwas mehr als 50.000 Einwohnern. Elf Jahre zuvor hatte er, 34-jährig, das Bauunternehmen seines plötzlich verstorbenen Vaters inklusive dessen Rufnamen Louis übernommen und leitete dies nun in vierter Generation. Ging der junge Fischer Louis durch seine Heimatstadt, warfen die Bauwerke von Vater, Großvater oder Urgroßvater lange Schatten: die Dreifaltigkeitskirche, die Kasernen, das städtische Krankenhaus, die Verwaltungsgebäude von Burda Druck und Stahlbau Müller, das Oken-Gymnasium, die Schwarzwaldmilch, das Hauptpostamt ... Für das Burda-Hochhaus, von 1961 bis 1963 erbaut, zeichnete bereits er verantwortlich. Doch die erste Ölkrise 1973 hatte das Ende des deutschen Wirtschaftswunders markiert. Im Irak hingegen spülten die Verstaatlichung der Erdölindustrie 1974 und der Erdölschock Milliarden in die Staatskassen.

War es Unerschrockenheit, Mut oder einfach Dreistigkeit, sich für ein 130-Millionen-Projekt zu bewerben, das die irakische Republik international ausgeschrieben hatte? Eine Textilfabrik in der Wüste. Bereits 1971 war Louis Fischer gemeinsam mit einem Libanesen sowie einem Berliner Bauunternehmer in den Nahen Osten gereist, um Kontakte zu knüpfen. Zurück in Offenburg hatte er seinen Arbeitern Bericht erstattet: „Aufträge flattern nicht wie gebratene Tauben ins Haus, man muss nicht nur's Maul aufmachen, sondern auch Augen und Ohren. Wenn gute Aufträge in unserer Gegend ausbleiben sollten, dann holen wir sie eben anderswo, wenn es sein muss im Ausland. Ich war am Persischen Golf und habe erste Fühler ausgestreckt. Ich kann mir gut vorstellen, dass wir in dieser Gegend mal mein Schnurgerüst spannen und unser Firmenschild aufstellen.“ Er hatte Blut geleckt. In der „Frankfurter Allgemeinen Zeitung“ schaltete er ein Stelleninserat und verpflichtete den deutsch sprechenden irakischen Diplom-Ingenieur Sartip Jaff für die Akquise. So gewappnet, trat er 1973 in Verhandlungen mit dem irakischen „Ministry of Industry“ in Bagdad. In einer Bauzeit von 24 Monaten sollte in der irakischen Provinzhauptstadt Diwaniyya ein Komplex mit Spinnerei, Weberei, Färberei, Wasseraufbereitungsanlage, Kläranlage, Kesselhaus und Verwaltungsgebäude auf insgesamt 700.000 Kubikmetern umbautem Raum schlüsselfertig erstellt werden. Dazu schrieb Michael Jungblut im März 1977 rückblickend in der Wochenzeitung „Die Zeit“: „Diese Aufgabe will ein Unternehmen bewältigen, dem der Regierungspräsident in Freiburg für seine Bewerbungen im Ausland zwar mit Brief und Siegel bescheinigt, dass es in seinem Bezirk vergleichsweise zu den großen Bauunternehmen zählt, sich neben den Riesen der Branche aber doch nur wie ein Zwerg ausnimmt.“ Für ein Projekt dieser Größenordnung bedürfe es, so in dem Artikel weiter, an internationaler Erfahrung, technischer und planerischer Kapazität, garantierter Termine und Kapitalkraft. Mittelständische Unternehmen schreckten in der Regel vor diesen Anforderungen zurück – und erhielten auch keinen Zuschlag. Doch Fischer war bestens vorbereitet: In enger Planungsgemeinschaft mit „Gherzi Engineering“, einem Zürcher Unternehmen, das internationale Erfahrung im Bau von Textilfabriken und Weltruf besaß, hatten er und seine Leute das Projekt entwickelt.

Am 13. Juli 1974 hatte Louis Fischer sein Angebot abgegeben, auf den Tag genau ein Jahr später filmte das irakische Fernsehen die Vertragsunterzeichnung von Adnan Al-Kindi, Leiter der „State Organisation for Industrial Design and Construction", und dem badischen Baulöwen in Bagdad, was auf Deutsch so viel wie „Geschenk des Herrn" bedeutet. „Wilhelm Radmer, ein Kollege aus München, und ich wurden aufgefordert, in schwarzen Anzügen zu erscheinen", erzählt Louis Fischer. Im guten Tuch warteten die zwei Bauunternehmer bereits Tage vorher auf einer Bierbank in einem Raum, der Fischer an „alte Afrika-Filme" erinnerte, unter spärlicher Beleuchtung: „Da hing ein Kabel mit Fassung aus der Decke, in die eine Glühbirne geschraubt war." Durch das Fenster blies der kalte Wind der Klimaanlage, die an der Außenfassade angebracht war. „Erst zwei Jahre später wurde ein neues Ministerium gebaut, und das war vom Feinsten! Schöner als in Deutschland!", berichtet Louis Fischer. Doch 1974 saßen er und der Chef der Wilhelm Radmer Bau und Beton KGaA unter der „Funzel", bis sie nach zwei Stunden die Mitteilung erhielten, Al-Kindi sei noch in Japan, sie sollten tags darauf wiederkommen. Am nächsten Tag das gleiche Spiel, am übernächsten wieder. „Unsere Anzüge und Schuhe waren mittlerweile grau vom Staub der Straße", so Fischer. Als Al-Kindi endlich erschien – „in einem alten braunen Kittel und dreckigen Schlappen" –, wurden die Unterschriften geleistet. Doch diese Auftragsbestätigung hieß, laut Junghans, noch lange nicht, dass Fischer den Auftrag auch ausführen konnte: „Denn nun folgte der mindestens ebenso schwierige Kampf um die notwendigen Bürgschaften. Schon bei der Bewerbung um einen ausländischen Regierungsauftrag ist eine (meist sechsstellige) Bietungsbürgschaft fällig, bei Vertragsabschluss eine weit höhere Erfüllungsbürgschaft. Der schwerste Brocken, den kein Unternehmer ohne Hilfe der Banken schlucken kann, ist jedoch die Vorauszahlungsbürgschaft: Der Irak war zwar bereit, eine Vorauszahlung in Höhe von zwanzig Prozent der Auftragssumme zu zahlen – aber natürlich nur, wenn sich eine Bank für den Betrag so lange verbürgt, bis der Bau entsprechend weit fortgeschritten ist. Eine große deutsche Bank hatte diese Bürgschaft fest zugesagt, zog sie aber plötzlich wieder zurück. Eine Krise drohte. Längst waren Lastwagen und anderes Gerät für den Einsatz in der Wüste bestellt. Anders hätte der knappe Termin nicht garantiert werden können. Zudem drohte die Erfüllungsbürgschaft zu verfallen. Da sprang als Retter in der Not die amerikanische Morgan-Guaranty-Bank ein; die Landeskreditbank von Baden-Württemberg gewährte rasch und unbürokratisch eine Rückgarantie über 17,9 Millionen Mark, und Louis Fischer übernahm unter Einsatz seines Privatvermögens eine achtstellige persönliche Bürgschaft. Der Auftrag war gerettet."

„35 Millionen Mark waren das", sagt Louis Fischer und erinnert das verblüffte Gesicht des Bankdirektors, als er angesichts der sechs Nullen auf dem Vertragspapier nur lachte. „Herr Fischer, warum ist Ihnen zum Lachen zumute?", fragte der Bänker. Die Antwort war überzeugend: „Bei 3,5 Millionen hätte ich mir eine kleine Bedenkzeit erbeten, aber 35 Millionen habe ich sowieso nicht. Das kann ich locker unterschreiben." Den Vertrag in der Tasche, schickte er seine Leute im Juli 1975 umgehend gen Osten. Die ersten fünf Sattelschlepper, beladen mit zwei Baggern, Radlader, Rüttelwalzen, Planierraupe und Baubaracke, verließen am 25. August Offenburg. „Sie bringen 150 Tonnen Material auf die Baustelle", dokumentierte die Mitarbeiter-Zeitung und nannte auch erste Schwierigkeiten: „Zwei Tage nach der Abfahrt stellen wir fest, dass die Radmuttern der neuen Sattel-Auflieger – das sind 30-Tonnen-Brummer – sich lösen. Projektleiter Lehmann handelt blitzschnell: Über den ADAC erreicht er den Konvoi gerade noch vor der jugoslawischen Grenze. Kfz-Meister Hodinka löst das Problem." Der nächste Konvoi startete nur drei Tage später. Auch hier galt es, Unvorhergesehenes zu überwinden: „In der Türkei bekommen unsere Fahrer doppelten Besuch. Die nächtliche Visite kommt unangemeldet: Geräuschlos werden Lampen abmontiert an unseren Fahrzeugen. Was nicht niet- und nagelfest ist, fehlt am anderen Morgen. Trotz Bewachung. Der angenehme Besuch kommt direkt aus Offenburg. Zwei Reporter von der 'Bunte Illustrierte' steigen vom Flugzeug um ins LKW-Führerhaus und halten die abenteuerliche Fahrt im Bild fest." Im Großen und Ganzen waren die Fischer-Leute gut gewappnet: „Unsere Fahrer haben in jedem Führerhaus Bonbons und stangenweise Zigaretten. Das tut der Gastfreundschaft gut und ist billiger als eingeworfene Scheiben." Das „Offenburger Tageblatt" berichtete: „Aus Offenburg gehen zunächst zwanzig Mitarbeiter nach Diwaniyya, einer Wüstenstadt, die zum größten Teil aus Lehmhütten und einstöckigen Backsteinbauten besteht. Die Vorhut der Fischer-Leute hatte bei der Quartiersuche Glück, ein villenartiges, massives Gebäude wird den Mitarbeitern künftig als Aufenthaltsort dienen. Unter den Diwaniyya-Fahrern sind auch einige Ehefrauen, die am häuslichen Herd im fernen Irak für badische Kost sorgen werden."

„Die Frauen waren gut für die Moral", ist Louis Fischer noch immer überzeugt. Er beschäftigte sie in der Küche, beim Schreib- oder Sanitätsdienst und erinnert: „Der Irak war damals ein gutes Land für Frauen. Ich weiß noch, dass in Bagdad Polizistinnen den Verkehr regelten, indessen ihre Geschlechtsgenossinnen in Saudi-Arabien nicht einmal Auto fahren durften, ohne gesteinigt zu werden." Viele Irakerinnen seien westlich gekleidet gewesen und nähten nach Schnittmustern von „Burda Moden", das in Schaufenstern angepriesen wurde. Das Magazin, von Aenne Burda in Offenburg publiziert, war „ein gutes Schmiermittel" aus der Heimat, wie Fischer schnell herausfand.

Drei Poliere hatten bereits Erfahrung in der arabischen Welt gesammelt. 1973 hatte Louis den iranischen Botschafter in Bonn, Dr. Amir Aslan Afshar, kennengelernt.

1922 in Teheran geboren, hatte Afshar sein Abitur in Berlin gemacht, Politikwissenschaften studiert und in Wien promoviert. Nach seiner Zeit als Botschafter wurde er Protokollchef am Hof von Schah Mohammad Reza Pahlavi, mit dem er gemeinsam im Januar 1979 den Iran verließ. 1973 aber, als der Schah Industrialisierung und gesellschaftliche Modernisierung anstrebte, hatte Afshar ein Grundstück am Kaspischen Meer erworben, auf dem er zehn Villen bauen wollte. „Ich habe ihm zwanzig Mann geschickt, nach einem Monat kamen fünf zurück, am Schluss waren nur noch drei Poliere unten", erinnert Louis Fischer. Diese beorderte er vom Iran auf die neue Baustelle im Irak.

Franz Dörfer und seine Frau Anna traten gemeinsam mit ihrem Rehpinscher Nino, von Louis Fischer nur „Hector" genannt, die Reise von Offenburg nach Diwaniyya am 21. Juli 1975 an. Im Mercedes mit Anhänger ging's via München, Österreich, Jugoslawien, Bulgarien und Istanbul über den Bosporus. „In der Osttürkei", so der Bauleiter, „hatten wir eine Strecke von 80 Kilometern, die nicht asphaltiert war und nur aus Schlaglöchern bestand." Er sei dann etwas schneller gefahren, und die Technik bewährte sich, bis in einem „Riesenloch die Ölwanne weggerissen" wurde. Das war nahe der uralten Stadt Mardin, deren Zitadelle wie ein Adlernest 500 Meter über der Tiefebene Mesopotamiens thront, rund 20 Kilometer nördlich der Grenze zu Syrien. In einer kleinen Werkstatt wurde geschweißt, mit Klebstoff improvisiert, und nachts um zwei

Uhr war der Mercedes wieder einsatzbereit. An die Offenburger Kollegen textete er nach seiner Ankunft in Bagdad: „Bitte sämtliche Keilriemen, Schrauben, Schlüssel mitnehmen; man bekommt in der Gegend gar nichts (Niemandsland) außer Benzin, Öl, Diesel, ca. alle 50 Kilometer." Vor der Weiterfahrt gönnte sich das Ehepaar Dörfer noch ein Schläfchen im Auto, das von Nino mit lautstarkem Gebell abrupt beendet wurde. „Ohne den Hund wäre der Hänger weg gewesen", ist Dörfer noch heute überzeugt und berichtet von Gestalten, die sich in die Nacht davonmachten. Mit dem Grenzübergang Ibrahim Khalil erreichten die Badener den Irak und fuhren über Zaxo und Mossul gen Bagdad, wo die Fischer Bau bereits ein Zwei-Personen-Büro betrieb. „Sehr schlechte Straßen", berichtete Dörfer, „ca. 80 Kilometer Schotter-Kies-Straße. Sehr heiß, ca. 60 Grad in der Sonne, konnten über Mittag nicht fahren wegen der Hitze. Dienstag früh Ankunft in Bagdad." Am selben Tag bewältigten sie die restlichen 204 Kilometer zu ihrem Zielort. „Alle 30 Kilometer standen Militärs am Straßenrand und versorgten die Autofahrer mit frischem Wasser", erinnert Franz Dörfer. Die Ankunft in Diwaniyya war dennoch ein Schock: „50 Grad Hitze! Das war abartig!", erzählt der Polier, der zuvor noch nie in einem arabischen Land gewesen war und sich mit einem sechswöchigen Englischkurs auf die Expedition, die zwei Jahre dauern sollte, vorbereitet hatte. Nach 14 Tagen wollte er zurück: „Herr Fischer, hier bleib' ich nicht!", verkündete er seinem Chef am Telefon. „Wenn Sie in drei Wochen immer noch heim wollen, reden wir drüber!", versprach der. Doch das war nicht mehr nötig. Dörfer wollte bleiben. „Der Irak war ein schönes Land", sagt er, das er während seines viereinhalbjährigen Aufenthalts von Zaxo bis Basra kennengelernt hat: „Was ich dort erlebt habe, hätte ich ohne Louis Fischer nie erleben können." Und so unterstützte er den Chef auch während seines ersten Heimaturlaubs im Dezember 1975.

Bei der Weihnachtsfeier in der Schwarzwaldhalle in Unterharmersbach erschienen Fischer und Dörfer mit Palästinensertüchern auf den Köpfen. Doch das fröhliche Foto, das Max Köhler von den „zwei Arabern" für das „Badische Tagblatt" schoss, trügt. Der Chef las seinen 400 Belegschaftsmitgliedern, die sich gegen den Auslandseinsatz aussprachen, die Leviten. Ohne den Auftrag im Nahen Osten, so Louis Fischer, hätte die Firma „den Laden womöglich dichtmachen können". Und Betriebsratsmitglied Josef Haas bestätigte das, indem er die Kollegen informierte, dass sieben von zehn Baustellen in Deutschland mit Verlust arbeiteten. Die neue Marschroute war klar: Die Louis Fischer KG hatte bereits zwei weitere Aufträge zum Bau von Berufsfachschulen für Elektrotechnik und Schlosser- und Maschinentechnik im Irak unterzeichnet, „aufgrund guter Leistung ohne Konkurrenz-Angebot und ohne Bestechungsgeld", betont Fischer; das Auftragsvolumen betrug jeweils 65 Millionen Deutsche Mark. Im Dezember 1976 wurde die New Yorker Morgan Guaranty Trust Company aus den Verpflichtungen der Anzahlungsgarantie gegenüber der Rafidain-Bank in Bagdad entlassen und sandte die Rückgarantie über 17,9 Millionen Mark an die Landeskreditbank Baden-Württemberg. Im Februar 1977 schrieb John B. Haseltine, Vize-Präsident und Generalmanager des deutschen Morgan Guaranty-Sitzes in Frankfurt, an Hermann Wünsch, Vorstandsmitglied der Landeskreditbank: „Von der Firma Fischer wurde ein Beispiel gesetzt, dass auch ein mittelständisches Unternehmen Großprojekte im Mittleren Osten durchführen kann."

„Welcher andere Unternehmer wäre dieses Risiko eingegangen?", spricht Franz Dörfer noch immer voller Bewunderung für seinen Chef und erklärt: „Hätte das Irak-Projekt nicht geklappt, wäre auch in Offenburg alles den Bach runtergegangen."

Adnan Al-Kindi (links) von der „State Organisation for Industrial Design and Construction" und Louis Fischer unterzeichneten am 13. Juli 1975 den 130-Millionen-Vertrag in Bagdad.

Ehefrauen der Fischer-Leute im Irak kochten badische Kost.

1971 in Muscat im Oman: Fischer machte sich mit den Sitten des Nahen Ostens vertraut.

„Nicht zu verwenden“

Februar 2017. Louis Fischer klingelt spontan bei seiner Schwester, der Schmid Hanne. „Hier gibt’s immer Kaffee und Kuchen“, weiß er, und außerdem ist es in ihrer großzügigen Wohnung im ersten Stock der Hauptstraße 126 gemütlicher als in seinem Büro im Hinterhof. Hier sind sie aufgewachsen, die um „fünf Vierteljahr“ ältere Schwester, das „Magele“, und er, der „Bibi“. Der Großvater hatte das Jugendstilhaus mit Kalk- und Sandsteinfassade und dekorativen kleinen Türmchen zur gleichen Zeit wie die Dreifaltigkeitskirche in der Offenburger Oststadt erbaut, zwischen 1906 und 1908. Im Hof waren damals Stallungen für Pferde, die Fuhrwerke mit Sand, Kies und Backsteinen zu den Baustellen transportierten. Ein modernes Unternehmen, das seine Anfänge im Jahr 1864 hatte. Louis Fischers Urgroßvater, ebenfalls ein Ludwig, hatte von seinem Vater das Maurerhandwerk in Griesheim erlernt und machte sich hinter dem Gasthaus „Krone“ in der Fischerstraße selbständig. In Baden regierte zu jener Zeit Großherzog Friedrich und die 5.000-Einwohner-Stadt Offenburg expandierte seit dem Bahnanschluss 1844 und der Niederlassung von Spinn- und Webereien. In dem „Offenburg“-Band, den Franz Burda 1951 veröffentlichte, heißt es: „Die Großbetriebe haben sich zum größten Teil aus kleinen Werkstätten entwickelt. 1861 zählte Offenburg nur drei Fabriken, deren jede etwa zwanzig Arbeiter beschäftigte. 1925 waren es 31 Fabrikbetriebe mit etwa 3.000 Arbeitern." Vor dem Ersten Weltkrieg hatte Offenburg, mittlerweile auf mehr als 16.000 Bürger angewachsen, geworben mit „erweiterter Volksschule, Gewerbe-, Handels-, Höherer Töchter- und Oberrealschule, Vollgymnasium, weiblichem Erziehungsinstitut Notre Dame, städtischen Sammlungen, öffentlichem Lesezimmer, prächtigen Anlagen, Fluss-, Douche-, Wannen- und Sonnenbädern, Jagd, Fischerei, Sport, modernem großen Schlachthaus, regem Verkehr, Industrie, Gewerbe und Kunstgewerbe, städtischer elektrischer Zentrale, Gas- und Eiswerken, neuem, mit allen modernen Einrichtungen versehenem Krankenhaus, vortrefflicher Wasserleitung, Kläranlage, gediegenen Hotels, Restaurationen, Brauereien, großen Sälen und Gartenwirtschaften, Theatern, Konzerten und Vorträgen". Beteiligt an dem wirtschaftlichen Aufschwung waren Urgroßvater, Großvater und ab den 1920er-Jahren Vater Fischer, der bereits im Alter von 21 das „Baugeschäft für Hoch, Tief, Eisenbeton, Kanalisation" übernehmen musste.

Louis' Vater, natürlich auch ein Louis, geboren 1900, war ein Schrank von einem Mann, erfolgreich, jovial, selbstbewusst. „Der alte Herr war ein Grandseigneur und hatte Charme", erzählt Hanne Schmid, verschweigt aber auch nicht, dass „er het brülle könne, wenn er het welle". Fischer senior engagierte sich in Vereinen, bei der Offenburger Fasnacht und fuhr Bugatti, jene Edelmarke aus dem elsässischen Molsheim. 1926 heiratete er Emma Adler, eine junge Frau mit großen braunen Augen und sinnlichem Mund, die er im „Schwarzwälder Hof" in der Zeller Straße, dem späteren Finanzamt, kennengelernt hatte. Sie war die Tochter eines jüdischen Pferdehändlers aus Straubing, die bei der Kusine ihrer Mutter im „Schwarzwälder Hof" in Offenburg eine Haushaltslehre absolvierte. Inhaber Adolf Weil hatte als Landsturmmann im Infanterie-Regiment 170 gedient und war am 10. Mai 1917 gestorben, was dem „Ortenauer Boten" einen Nachruf auf den jüdischen Mitbürger wert war: „Mit ihm ist ein lieber Mensch und rühriger Geschäftsmann dahingegangen, dessen Andenken in der hiesigen Bürgerschaft stets in Ehren gehalten werden wird." Emma, 1898 geboren und somit zwei Jahre älter als ihr Ehemann, was er ihr später immer vorwerfen sollte – „du hesch mich b'schisse" – war lebenserfahren. Mit 14 hatte sie ihre Mutter verloren und den unehelichen Sohn ihrer ältesten Schwester als siebtes „Geschwisterchen" aufgezogen. Ein Mann wie Louis bedeutete für sie nicht nur eine Schulter zum Anlehnen, sondern auch Freiheit. Er schenkte ihr einen Bugatti und Emma fuhr Autorennen – auf dem Schauinsland, in Stuttgart, Baden-Baden. 1928 wurde Tochter Hanne geboren, ein Jahr später Sohn Ludwig, 1933 kam Hitler an die Macht. Für Louis Fischer senior war es nie eine Frage, sich von seiner jüdischen Ehefrau zu trennen. Er selbst wurde nicht zum Kriegsdienst eingezogen; als Mann einer Jüdin stand in seinem Wehrpass der Vermerk „n.z.v.", „nicht zu verwenden". Seine Brüder, Rudolf und Paul, der eine SS-Mann, der andere Blockleiter, machten im Dritten Reich Karriere. „Der Onkel Rudolf hatte sein Studium abgebrochen, war arbeitslos und spielte im Café Strübel Klavier. 1933 bewarb er sich auf eine freie Stelle bei der SS", erzählt Louis Fischer junior. Stets bestens informiert, warnte Rudolf die Schwägerin regelmäßig vor den „Säuberungen" der Nazis und bewies Geschick, wie man sie umgehen konnte.

Seit der Osterproklamation Großherzogs Friedrich I. vom 7. April 1860, in der die „Sicherung möglichst freier Entwicklung, Selbständigkeit auf kirchlichem Gebiet und die Anwendung der gleichen Grundsätze auf anderen Gebieten des Staatslebens" angekündigt worden waren, hatten sich Juden in Offenburg niedergelassen. 1863 wurden 37 jüdische Bürger gezählt, 1868 bereits 150 und zehn Jahre später waren 74 jüdische Familien ansässig. Sie hatten eine Religionsgemeinde gegründet und 1868/69 eine erste Synagoge in der Essigfabrik Pfaff in der Seestraße eingerichtet, die 1875 in den Saal des Gasthauses „Salmen" in der Lange Straße verlegt wurde. Die Bezirksrabbiner genossen hohes Ansehen; der letzte Rabbiner war von 1935 bis 1937 Herbert Finkelscherer. „In den frühen Morgenstunden des 10. November 1938 erzwangen vier Männer, die sich als Organe der Geheimen Staatspolizei ausgaben, Einlass in die Synagoge und schossen mit Pistolen auf die brennenden Lampen und rissen Gebetsrollen in Stücke", wie der Offenburger Stadthistoriker Otto Kähni in einem Beitrag in der „Zeitschrift des Historischen Vereins für Mittelbaden“ 1969 erinnerte. Kähni, der am Grimmelshausen-Gymnasium Geschichte und Erdkunde unterrichtete und das „Museum für Natur- und Völkerkunde“ im St.-Andreas-Spital leitete, schrieb weiter: „Gegen 17 Uhr rottete sich am ehemaligen Gasthaus Palmengarten eine Menschenmenge zusammen, die in kurzer Zeit auf 150 bis 200 Personen anwuchs. Ihr erstes Ziel war das Café Weil, Blumenstraße, in dem sich die Offenburger Juden trafen, nachdem ihnen der Besuch der Gaststätten nicht mehr erlaubt war. Die Demonstranten drangen in das Lokal ein und schlugen alles kurz und klein. Dann bewegte sich der Zug unter Absingen von Kampfliedern durch die Hauptstraße, Stein- und Lange Straße zur Synagoge und zerstörte die gesamte Inneneinrichtung. Anschließend schleppten die Demonstranten zerstörte Einrichtungsgegenstände sowie Zylinder und Gebetbücher auf den Rathausplatz und verbrannten sie.“

„Zur Kenntlichmachung mussten alle Juden einen Davidstern tragen“, erinnert Fischer die grausame Zeit. Am folgenden Tag wurden alle männlichen Juden über 16 Jahre verhaftet, im Gefängnishof mussten sie aus Hitlers „Mein Kampf“ vorlesen und abends, auf dem Weg durch Grabenallee und Hauptstraße zum Bahnhof singen: „Muss i denn zum Städtele hinaus ...“ mit dem Refrain „Der Jud muss naus“. Wer sich weigerte, so Kähni, „wurde mit Schulterriemen geschlagen und mit den Füßen getreten“. Ein Sonderzug brachte die Opfer nach Dachau. Bereits seit 1933 waren nichtarische Beamte in den Ruhestand geschickt, Ärzten, Richtern und Anwälten die Lizenz entzogen und jüdische Geschäfte mit Boykott belegt worden, die jahrzehntelang das städtische Leben mitgeprägt hatten. Am 22. Oktober 1940 wurden die letzten in Offenburg auffindbaren Juden in der Turnhalle der Schiller-Schule, die auch der knapp elfjährige Ludwig Fischer besuchte, zusammengetrieben und in das südfranzösische Internierungslager „Camp de Gurs" abtransportiert. Von ursprünglich 300 Offenburgern jüdischer Abstammung lebten 1945 noch drei in der Stadt an der Kinzig.

Drei von Emmas Geschwistern hatten Deutschland verlassen; zwei Brüder waren im Ersten Weltkrieg als deutsche Soldaten bei der Schlacht um Verdun gefallen. Ihr Bruder Louis, ein erfolgreicher Arzt in Berlin, ging bereits 1933 nach New York, wo er in seinem Berufsstand und mit Aktien-Spekulationen ein Vermögen verdiente. Die Älteste, Dora, arbeitete bis 1941 als Hausangestellte der Offenburger „Cigarrenfabrik Kahn", bevor ihr Bruder sie mit einer Kaution auslöste und die Schiffspassage bezahlte. „Sie war zum Glück schon auf dem Atlantik, als Hitler den Vereinigten Staaten am 11. Dezember den Krieg erklärte", betont Louis Fischer. Doras unehelicher, von Emma aufgezogener Sohn Sepp floh nach Israel, wo er sich aber nicht einleben konnte – nach dem Krieg kehrte er in die Ortenau zurück, wo Louis Adler ihm eine Tankstelle bezahlte, die Louis Fischer baute. Emma blieb. Ihr Mann Louis hielt die Familie über Wasser mit der Zucht von Schäferhunden und Hasen. Zweihundert Ställe standen im Hof, wo einst die Pferde für ein einträgliches Geschäft mit dem Transport von Baumitteln gesorgt hatten. Vorbei waren die Tage, als „Tell" bellte, wenn er im Stadtwald die Motoren der Bugattis röhren hörte. Jetzt regierte die Angst.

„Ich habe lange nicht gewusst, dass meine Mutter Jüdin ist", sagt Louis Fischer. „Wir wurden katholisch erzogen, der Pfarrer Huggle war ständiger Gast im Haus." Emma Fischer habe die Offenburger Klosterschule unterstützt, Hanne als Schülerin hingeschickt und ihn zum Klavierspiel bei Schwester Lioba angemeldet. „Ich hab' nie geübt", gesteht er ein, „doch ich konnte mit zwölf oder 13 schon so lieb gucken, dass sie mir's nicht übel genommen hat." Der Mutter, so Louis Fischer, sei es nur wichtig gewesen, dass die Ordensfrau ihr Geld für die Stunde bekäme. „Eine liebere Frau als die Mama gab's nicht", sagt er und muss schlucken. Als Emma Fischer am 24. März 1972 starb, schrieben die Fischer-Mitarbeiter: „Es gibt wenige Menschen, die keine Gegner haben und doch Profil. Es gibt wenige Menschen, die allseits beliebt und geachtet sind. Unsere Chefin zählte zu diesen Ausnahmen. Es lässt sich nicht aufzählen, was sie in ihrer selbstverständlichen Art Gutes für ihre Mitmenschen getan hat."

Anfang der 40er ging Ludwig, wie ihn damals alle nannten, zur Schiller-Oberrealschule. Von der Volksschulzeit an der

„Georg Monsch“ und am Ölberg ist ihm nur noch der Lehrer Hilberer in Erinnerung, der ihn nie aufrief, wenn er sich meldete. Dem Jungen war nicht bewusst, dass diese Ignoranz auf Antisemitismus begründet war. Als ihm am „Schiller“ ein Klassenkamerad mit Kreide einen Judenstern auf die Bank malte, bekam dieser „eine auf die Gosch“.

Mit den meisten Mitschülern verstand er sich blendend, vor allem, wenn es darum ging, die Lehrer zu ärgern. „Die waren ja alle über 70, weil die Jungen eingezogen waren“, erläutert Louis Fischer. Besonders auf den Mathe- und Chemie-Lehrer, den Kern Toni, hatten es die Pennäler abgesehen: „Den haben wir verarscht, wo es ging.“ Und wegen Pauker Kern, der Glasplaketten, das Stück für 20 Pfennige, zugunsten des Winterhilfswerks verkaufte, verletzte er seine goldene Regel, nie zu spät zum Unterricht zu erscheinen. „Eines Morgens“, erzählt Fischer vergnügt, „kam ich erst, als alle bereits in der Klasse saßen, und hatte mir eine von seinen Plaketten als Monokel eingesetzt. Ich sagte freundlich: Guten Morgen, Kerne Toni! Und schon zog er den Schlauch vom Bunsenbrenner aus seiner weißen Manteltasche und hat mich abgeschmiert. Ich hab’ ihm den Buckel hingehalten und er hat draufgehauen. Die Klasse hat geschrien vor Vergnügen!“ Kam Professor Schneider morgens ins Klassenzimmer, standen die Jungen auf und grüßten ihn überaus freundlich mit einem: „Guten Morgen, Herr Lehrer!“ Wohl wissend, dass er Elsässer war, schoben Sie ein lautes „Heil Hitler“ nach.

Vor Unterrichtsbeginn war Schneider wie alle übrigen Kollegen verpflichtet, den aktuellen Wehrmachtsbericht zu verlesen. Im Anschluss und, um das Fass zum Überlaufen zu bringen, stimmten die Buben das Vaterlandslied „Der Gott, der Eisen wachsen ließ" aus dem Jahr 1812 an. Besonders die fünfte Strophe, die während des Ersten Weltkriegs umgedichtet worden war, sangen sie mit Inbrunst: „... Wir wollen heute Mann für Mann, mit Blut das Eisen röten, mit Henker- und mit Franzosenblut, o süßer Tag der Rache! ..." Fischer erinnert: „Der Professor Schneider wurde blass vor Wut, aber er konnte nichts machen. Als wir alle Strophen gesungen hatten, war die Stunde rum."

Professor Schwarzmann war ein anderes Kaliber. „Frei, wo hasch abgschriebe?", schnauzte er Ludwigs Freund Rolf an und fuhrt fort, ohne eine Antwort abzuwarten: „Kommsch heut' Mittag zu mir in'd Ziegelscheuer und schaffsch im Schrebergarde!" Dem Befehl folgte die Frage, wer denn sein bester Freund wäre, und als Rolf den Fischer Ludwig nannte, wurde dieser gleich mitverpflichtet. „Aber, Herr Professor, ich hab doch nix gmacht!", protestierte der zu Unrecht Bestrafte. „Des macht nix!", wiegelte Schwarzmann ab, „des isch fürs nächschte Mol!"

Am „Schiller" musste Ludwig Englisch und Latein büffeln: „Französisch hatte der Adolf abgeschafft." Er war kein schlechter Schüler, doch fleißig war er nicht und ein Mangelhaft in Latein, das als einzige schlechte Note die

Versetzung nicht gefährdete, hatte er mit dem Lehrer ausgehandelt: „Geben Sie mir die Fünf und ich muss keine Arbeiten mehr mitschreiben!" Mit ein paar Buben saß er hinten im Klassenraum und klopfte Skat, während die braven Mitschüler Verben konjugierten. Ludwigs Leidenschaft gehörte dem Fußball. Er kickte für die Jugendmannschaft des Offenburger Fußballvereins 1907, der auch drei Klassenkameraden angehörten: der Frei Rolf, der Maier Karl und der Schneider Bock – „der hieß eigentlich Willi, aber wir hatten für alle Spitznamen", erinnert Louis Fischer und ergänzt: „Einer hat mal einen fahren lassen und hieß dann nur noch der Schisser." Die Freunde waren es auch, die sich für Ludwig einsetzten, wenn der Bannführer ihn bei Turnieren des „Jungvolks" nicht aufstellen wollte. In der Jugendorganisation, der „Hitler-Jugend", war kein Platz für den sogenannten „Halb-Juden".

Am 6. September 1943 wurde Offenburg erstmals bombardiert und die Bahnlinie mehrfach getroffen. An diesem Tag hätten 120 Oberschüler zum Einsatz als Flakhelfer ausrücken sollen. Ein halbes Jahr später war Ludwig Fischers Jahrgang an der Reihe; die jungen Burschen sollten im Elsass Schützengräben ausheben. Auch er hatte bereits seinen Tornister gepackt, als Lehrer Hirsch, der gut mit seinen Eltern befreundet war, ihn zur Seite nahm: „Ludwig, du darfst nicht mitgehen!" Der 14-Jährige, sonst hart im Nehmen, hatte mit den Tränen zu kämpfen. Wie bereits sein Vater, galt auch er als „nicht zu verwenden". Er wusste, was das zu bedeuten hatte und nahm dankbar die Pistole an, die ihm Onkel Rudolf zuschanzte. Die „08“, auch „Luger“ genannt, versteckte er auf dem Dachboden. „Mir war klar“, erinnert Louis Fischer, „wenn sie kommen, um die Mutter zu holen, erschieße ich zuerst den Gestapo-Fritzen, dann die Mutter und dann mich.“

Nach der Landung der Alliierten in der Normandie am 6. Juni 1944, dem D-Day, und der Schlacht um Paris am 25. August rückten die Franzosen und ihre Verbündeten dem Westwall immer näher. Mitte November standen die Truppen an den Zugängen zum Elsass, am 23. November stießen die ersten Panzerspitzen nach Straßburg vor. Vier Tage später flog eine Bomberstreitmacht von über dreihundert Flugzeugen gegen den Verschiebebahnhof und das Reichsbahnausbesserungswerk in Offenburg. „Terrorangriff auf unsere Stadt“, titelte das „Offenburger Tageblatt“ tags darauf. 76 Menschen kamen zu Tode, es gab viele Verwundete, 35 Groß-, 18 Mittel- und 58 Kleinbrände, zerstörte Bahnanlagen, Industriebetriebe und Häuser. Die Schulen wurden geschlossen, und Ludwig „hockte mit einem Italiener und dem pensionierten Benz Gottfried auf den Dächern der Stadt“, um Löcher auszubessern. Eines Tages, so erinnert er, reparierten sie das Dach der Eisenhandlung Jenewein in dem dreigeschossigen, verputzten, ehemalig schönen Fachwerkbau in der Hauptstraße. Von einer Tiroler „Isenkrämer“-Familie als Sichel- und Sensengeschäft gegründet, hatte sich der Laden unter den

Brüdern Johann und Urban Jenewein bald zum „Centralhaus für Isenkrämerei“ gemausert, deren Nachfolge Paul Göhner antrat. Dieser hortete Werkzeug, das er nicht veräußern wollte. Was sollte er mit Reichsmark anfangen, von der man sowieso nichts kaufen konnte? Also steckte Gottfried Benz, der eine kleine Landwirtschaft betrieb, eine Sense und einen Hammer ein, wogegen Göhner lautstark protestierte. „Dann soll's halt riregne, du siehsch uns nimmi!“, konterte Fischer, und der Eisenwarenhändler ruderte umgehend zurück. „Das Geld“, so erläutert Louis, „war damals unwichtig, aber man bekam kein Eisen.“

Im Februar 1945 war Offenburg zum wichtigsten Drehpunkt der Versorgung und des Rückzugs deutscher Truppen geworden. Täglich dröhnten Jabos über die Stadt: „Dreimal am Tag“, erinnert Hanne Schmid, „nach dem Frühstück, nachmittags und nach dem Abendessen. Wir sind gar nicht mehr in den Keller.“ Und so stand die Familie auch am Morgen des 8. Februar zum Schwatz im benachbarten Hof der Druckerei Huber, als zwischen 8.30 und 9.30 Uhr 25 Sprengbomben fielen, die hauptsächlich die Gitterbrücke der Kinzig, die Eisenbahnbrücke und die Kinzigstraßenbrücke zum Ziel hatten. Für das Stadtarchiv wurde vermerkt: „Die Eisenbahngitterbrücke der Kinzig getroffen, südliche Brückenhälfte mit Gleisanlagen eingestürzt, Bahnverkehr unterbunden.“ Hanne und Ludwig sahen zu, als sich die Brücke zur Seite neigte. Überall lagen Verletzte und Trümmer. Die „KZler“, Häftlinge im

Konzentrationslager, die beim „Havanna-Eck", Zigarren-Friedrich gegenüber dem Fischer-Haus, das Dach gedeckt hatten, fanden die Jugendlichen reglos im Straßendreck. Die Jugendstil-Fassade des Elternhauses in der Adolf-Hitler-Straße, wie die Hauptstraße damals hieß, stand zwar noch, konnte aber jeden Augenblick wie ein Kartenhaus zusammenfallen. Noch drei Tage zuvor hatte Ludwig mit einem Freund Löcher in das Sandsteingeländer im ersten Stock gebohrt, um Passanten ungesehen auf den Kopf spucken zu können, und dafür vom Vater den „Frack voll" bekommen. Jetzt musste das von italienischen Gastarbeitern gefertigte Schmuckstück komplett abgetragen werden. „Der Kreisleiter Rombach kam und bedauerte den Bauschaden", erzählt Fischer, doch der Vater konterte: „Mir wäre es lieber, Sie würden meine Frau in Ruhe lassen!"

Der letzte Anruf der Nazi-Schergen lag noch nicht lange zurück. „Ich war am Telefon", entsinnt sich Hanne Schmid, „und sie sagten mir, die Mutter soll's Köfferle richten, sie holen sie ab." Eltern und Schwester setzten sich ab zu Bekannten auf das „Brandeck-Lindle", einen Berggasthof in Hinter-Ohlsbach. Ludwig blieb allein in der Hauptstraße zurück, nur die Mieter im ersten Stock, der Sartor Sepp, ein „Altkommunist", der Setzer bei Reiff war, und dessen Frau hielten noch die Stellung. „Wir hatten einen Stollen zum Nachbarhaus, der Druckerei Huber, gegraben, um bei Beschuss dorthin kriechen zu können", verbildlicht er, „die Kellerdecke war mit Balken abgestützt." Franz Huber hatte

1934 in der Kinzigvorstadt eine „Graphische Werkstätte" gegründet, in der Akzidenz- und Verlagsdrucksachen hergestellt wurden, sowie bis 1941 das illustrierte Heimatwochenblatt „Ortenauer Rundschau" gedruckt worden war. In dieser, für die ganze Familie nervenaufreibenden Situation, in der es für Emma um Leben oder Tod ging, verbürgten sich Franz Burda und der Direktor des Arbeitsamts für Louis Fischer senior, der sich bereits früh zur „Todt" gemeldet hatte, einer paramilitärischen Bautruppe, die für Baumaßnahmen in den von Deutschland besetzten Gebieten eingesetzt wurde. Ihr oblag der Ausbau von West- und Atlantikwall – und dieses Engagement rettete vermutlich Emma vor dem Konzentrationslager. Nach nur wenigen Tagen war die Familie wieder nach Offenburg zurückgekehrt.

Am 15. April 1945 marschierten die Franzosen nahezu lautlos in Offenburg ein. 25 Jahre später schrieb das „Offenburger Tageblatt": „Wenn man sich heute zurückerinnert, so fällt es einem recht schwer, jene Spannung und Tragik nachzuempfinden, die damals über der Stadt lag: Es war noch nie so still in Offenburg. Minutenlang lagerte diese unheimliche Stille über der Stadt. Dann platzte wieder ein Schuss, pfiff ein Artilleriegeschoss. Nur in der Ferne hörte man das Grollen. Die Straßen waren ausgestorben, dann und wann nur blickte jemand aus seinem Fenster, unter dem man flüchtende deutsche Soldaten sah." „Ich hatte Angst", gesteht Louis Fischer, damals 15 Jahre alt. Trotzdem band er ein weißes Tuch an einen Stecken und ging auf die

Hauptstraße hinaus, wo französische Panzer anrollten. „Doch unsere Befreier haben mich enttäuscht“, erzählt er; umgehend seien sie in die Villa des befreundeten Zigarrenfabrikanten Hermann Feißt im Pfählerpark eingedrungen und hätten allen wertvollen Schmuck mitgehen lassen. Zwei Tage später hatten sie ihn am Wickel: „Mich hat ein Militär angesprochen und mir aufgetragen, einen Kübel mit Suppe zur Artillerie in den Stadtwald zu tragen“, berichtet er. Mürrisch erledigte er den Auftrag, wusste aber schnell aus der Situation einen Nutzen zu ziehen: „Ich habe sofort angefangen zu handeln.“ Mit den Franzosen tauschte er Feißts Zigarren-Rohlinge gegen Benzin, mit den Amerikanern, die auf dem alten OFV-Platz eine Transport-Kompanie installiert hatten, Nazi-Devotionalien. Von den Onkeln Rudolf und Paul, die beide umgehend ins Gefängnis kamen, besaß er SS-Dolche, „Blut und Ehre“-Abzeichen, Uniformen und Exemplare von „Mein Kampf“, die er in Naturalien umsetzte: Auf dem Schwarzmarkt kostete eine Zigarette damals sechs Mark, ein Pfund Butter 280 Mark, ein Pfund Kaffee 400 Mark. Und die Familie Fischer profitierte von Emmas Verwandtschaft in den USA, die Care-Pakete über den Atlantik schickte. Nach düsteren Jahren konnte Ludwigs unbeschwerte Jugend endlich beginnen. „Der Sommer 1945 war großartig“, erinnert auch Schwester Hanne. Durch den Brückenschutt staute sich in der Kinzig das Wasser, und nie zuvor und niemals später habe man in dem Rheinzufluss „so schön schwimmen“ können.

In den 1920er Jahren fuhr Emma Fischer in ihrem Bugatti die Schwarzwald-Rallye: Die rund zwölf Kilometer lange Strecke von Günterstal bis zum Gipfel des Schauinsland galt mit ihren 175 Kurven als anspruchsvollste Bergrennstrecke Europas.

58
IIIA-637

Ludwigs Mutter, Emma Fischer, geborene Adler, mit Hund Exa.

Die Geschwister Hanne und Ludwig Fischer 1930.

Ludwig (links) und seine „Soldaten", mit denen er gegen die Buben vom Bau (Arbeiterwohnungen der Spinnerei) und die „Uhlgräbler" kämpfte.

Sonntagsspaziergang: Hanne, Ludwig, Louis Fischer senior und Druckereibesitzer Franz Huber (v.l.).

Alex Funk
en Wäsche

Offenburg im „Dritten Reich“: Hakenkreuz-Fahnen an den Häusern der Hauptstraße und Uniformträger gehörten zum Stadtbild. Klein-Ludwig (vorn) blickte ernst in die Kamera.

Der Puppensammler

„Mit 16 war ich noch unschuldig“, versichert Louis Fischer. Anders als heute hätten die Pubertierenden in den 1940er Jahren nur sehr zaghafte Versuche unternommen, sich dem anderen Geschlecht zu nähern. „Küsse gab's damals keine“, verdeutlicht er und beschreibt sein Tête-à-Tête mit Renate, Tochter des Offenburger Rosshaarspinners Heinrich Wilke in der Lange Straße und spätere Ehefrau seines Freundes Hans-Gerd Himmelsbach: „Sie war die erste, mit der ich poussieren wollte, ein bildhübsches Mädle mit wunderschönen langen blonden Haaren.“ Eines Tages traf er Renate auf der Unionbrücke und – frech wie er war – zog er das Mädchen auf, das die geflochtenen Zöpfe zu zwei Schnecken über den Ohren gedreht hatte: „Mit dere Frisur siehsch aus wie dinne eigene Urgroßmutter!“ Trotzdem verabredeten sie sich. Renate trug – ihm zu Gefallen – die Haare offen, doch er bemerkte es nicht einmal. „Du kannsch mir g'schtohle bliebe!“, wurde sie wütend und tat überall kund, was für ein ignorantes Bürschchen der Ludwig wäre. „Nit mol an der Fasent im Dreikönig hat sie mich mehr zur Kenntnis g'nomme“, erinnert Fischer; doch er hatte bereits ein Auge auf Brigitte Steck geworfen, mit der er auf die Lindenhöhe spazierte. „Wir haben uns festgehalten und in den Mond geguckt. An was anderes hast du gar nicht gedacht“, schmunzelt er. Weniger friedlich verlief sein Buhlen um das bildhübsche Töchterlein von Dr. Wilhelm Bauer, der die Offenburger Spinnerei und Weberei seit 1932 führte und zu einem der modernsten und größten Textilbetriebe Süddeutschlands ausgebaut hatte. Die Fabrikantentochter galt allseits als gute Partie, und einem Bannführer der Hitlerjugend war es ein Dorn im Auge, dass sich das Mädchen mit Ludwig traf. „Wir haben uns dann mit Luftgewehren duelliert", berichtet Fischer.

Seit September 1945 drückte Ludwig wieder die Schulbank am „Schiller". Raymond Schmittlein, Leiter der Abteilung für öffentliche Bildung in der französischen Zone, vertrat die Auffassung, dass „die Umerziehung der Deutschen den Deutschen selbst nicht überlassen werden durfte", und gründete den Lehrmittel-Verlag Offenburg-Mainz, dessen Schulbücher zur „Rééducation" Franz Burda in Offenburg druckte. Fischer senior, der Mitglied des städtischen Entnazifizierungsausschusses war, hatte den Weg bereitet, indem er den Geschäftspartner entlastet hatte. Am Pult standen dennoch Lehrer, die vorbelastet waren, auf die man aufgrund fehlender Alternativen aber nicht verzichten konnte. „Jeder machte, was er wollte", erinnert Fischer, was zur Folge hatte, dass die Hälfte der Prüflinge das Zentralabitur nicht bestand und wiederholen musste.

Das Abschlusszeugnis in der Tasche, bewarb sich Ludwig Fischer 1946 am Technikum in Karlsruhe, das zu dieser Zeit vorrangig Spätheimkehrer aufnahm. Zur Überbrückung absolvierte er bis 1949 eine Maurerlehre im väterlichen Betrieb und kickte in seiner Freizeit für die SpV. Offenburg. Auf Anordnung der französischen Militärregierung hatten alle Vereine ihre traditionsreichen Namen aufgeben müssen und firmierten seit dem 1. Juni 1946 unter dem Einheitssportverein „Offenburger Sport-Vereinigung“. Vorsitzender war Louis Fischer senior. Und er war es auch, der mit seinem Lastwagen mit Holzvergaser die Mannschaft auf der Ladefläche zu Turnieren fuhr. Alle übrigen Fahrzeuge und Gerätschaften hatte er bereits 1941 abgeben müssen. „Die wurden auf einen Zug in Richtung Russland verladen und sind schon auf dem Weg dorthin durch einen Sprengsatz in die Luft geflogen“, erzählt Fischer. Im Nachkriegs-Offenburg genoss sein Vater Ansehen. Er war Mitglied des Stadtrats unter dem Vorsitz von Bürgermeister Ludwig Heß, einem Kaufmann, den die Franzosen 1945/46 kommissarisch eingesetzt hatten: „Der durfte zu allem nur Ja sagen und wurde deshalb Monsieur Oui-Oui genannt.“ Oberwasser hatten jetzt, wie Fischer erinnert, die einstigen Nazi-Gegner wie der „Uralt-Demokrat Huber Franz, die Kommunisten Sartor Sepp und Haase Sepp, Besitzer einer kleinen Blechnerei in der Badstraße, und der Edel-Kommunist Gustav Rothenberger, auch Bürgermeister vom Uhlgraben genannt“. Letzterer hatte sich vor dem Ostfeldzug im Juni 1941 noch lautstark gegen Hitler ausgelassen: „Jetzt spinnt er! Dem wird’s wie Napoleon ergehen!“ Zur Strafe war er für vier Wochen zum Torfstechen nach Schleswig-Holstein verbannt worden.

Nun kamen Flüchtlinge aus dem Osten und sogenanntes „fahrendes Volk“ nach Offenburg. Die Ärmsten lebten in ausrangierten Bahn-Waggons und Wohnwagen auf der anderen Seite der Kinzig in einem provisorischen Viertel, das im Volksmund nur „Waggonia“ hieß. Regelmäßig verköstigte Emma Fischer die „Waggonia“-Kinder mit Schlecksel-Brot. Dem Bauunternehmer Fischer ging es gut. Er profitierte wie die anderen ortsansässigen Baufirmen vom Wiederaufbau. Im „Offenburg“-Buch von 1951 steht geschrieben: „Sechseinhalb Jahre sind seit dem düsteren Zusammenbruch vergangen. In dieser kurzen Zeitspanne haben die Stadtverwaltung und die fleißige und lebenstüchtige Bevölkerung bewundernswerte Leistungen vollbracht. Zwar erinnern noch Trümmer an die Schrecken des Krieges, aber die Wiederaufbauarbeit hat schon gewaltige Fortschritte gemacht. Neue Geschäfts- und Schulhäuser entstehen. Die Stadt, Baufirmen, Wohnbaugenossenschaften und Private arbeiten eifrig, um die Wohnungsnot trotz der Ungunst der wirtschaftlichen Verhältnisse zu lindern. Überall wird emsig gebaut.“ Auch das gesellschaftliche Leben hatte wieder seine Berechtigung. Gerne luden Fischers samstagabends Gäste zum Essen ein, oft auch Aenne und Franz Burda. Die Jung-Unternehmerin, die 1950 ihr erstes „Burda Moden“-Magazin publiziert hatte, beauftragte Fischer mit dem Bau der Familienvilla in der Schanzstraße, wo auch Ludwig einschalte, Sichtbeton war das Allerneueste. „Die Poliere hän mich schinde lasse, aber sie hän mich nit kleinkriegt“, erzählt Fischer und erinnert, wie er Backsteine für die Zwischenwände auf dem „Buckel“ geschleppt hat. Doch sein Einsatz habe sich ausbezahlt und ihm den nötigen Respekt verschafft, den er wenige Jahre später als Junior-Chef brauchte.

1949 hatte sein Vater Stahl zum Wiederaufbau des im Krieg zerstörten Hauptgebäudes des Karlsruher Technikums geliefert, und Ludwig konnte ein Jahr später, nach abgeschlossener Gesellenprüfung, mit dem Studium im „Stall“, wie die Fachhochschule despektierlich genannt wurde, beginnen. Mit einem Kommilitonen bewohnte er zwei Zimmer in einem Einfamilienhaus im Waldviertel, die eine alleinerziehende Mutter für 30 Deutsche Mark pro Nase vermietete: „In einem haben wir geschlafen, im anderen stand unser großer Zeichentisch“, beschreibt Fischer. Der Mitbewohner war Julius Fritsch aus Gengenbach, vier Jahre älter als Ludwig und stolzer Besitzer eines Zweizylinder-Boxer-Motorrads von BMW. Nach dem Studium sollten sich die Männer aus den Augen verlieren, Fritsch wanderte nach Kanada aus. Doch 2018 kam es zu einem Telefonat und die Herren plauderten vergnügt über die alten Zeiten, als sie Stress mit den „Amis“ in Karlsruhe hatten, natürlich wegen Mädchen.

Für den Abschluss als Diplom-Ingenieur Fachrichtung Bau musste Fischer als Pflichtfächer unter anderem Architektur („Hiisli mole het mich nit int’ressiert“), Statik, Wasser-, Tunnel- und Eisenbahnbau belegen. „Das war wie in der Schule", berichtet er, „nach jedem Semester gab's ein Zeugnis." Und im Semesterbuch wurden Vergehen vermerkt: „Wenn d' g'fehlt hesch, hesch eins uff de Deckel kriegt!" Deshalb fuhr Ludwig im dritten und vierten Semester, während deren er als Pendler zu Hause wohnte, um 6 Uhr in der Früh mit dem Zug nach Karlsruhe, um pünktlich um 8 Uhr zur Vorlesung zu erscheinen. Nachmittags schaffte er „gewaltig" in der väterlichen Firma. Beweisen konnte er sich auf der Großbaustelle der neuen Burda-Druckerei auf der Offenburger Kronenwiese. Sensation war 1953 der knapp 50 Meter hohe Burda-Turm. „Der Senator pflegte stets zu sagen, er habe eine Druckerei und keine Fabrik und deshalb auch keinen Schornstein wie die benachbarte Spinn- und Weberei", erzählt Fischer – und so beherbergte das neue Wahrzeichen von Burda Druck und Verlag neben einem Kamin einen Aufzug, eine Nottreppe und eine Bar mit bester Aussicht.

Neben dem „komfortabelsten Schornstein Deutschlands", wie die Medien schrieben, baute die Firma Fischer regelmäßig für die expandierenden Unternehmen von Aenne und Franz Burda. Als eines Tages Konkurrent Ferdinand Ritter den Zuschlag für einen kleinen Auftrag erhielt, wurde Louis Fischer senior wütend und umgehend beim Senator vorstellig: „Franz, du bisch ä Arschloch!" Burda reagierte prompt: „Louis, ich will nit, dass du mit'm Arschloch zamme schaffe musch, des hesch du nit verdient!" Von Stund an wurde Fischer bei Ausschreibungen nicht mehr berücksichtigt und erhielt von Burda keine Aufträge mehr. Jetzt baute er Wohnblocks für die Familien französischer Soldaten, die in Offenburg ihre Garnison hatten, sowie im neu ausgewiesenen Stadtteil Albersbösch. Ludwig Fischer, der nach Beendigung seines Studiums 1954 im väterlichen Betrieb arbeitete, investierte hier Anfang der 1960er in sein erstes privates Bauobjekt, ein Mehrfamilienhaus mit 24 Wohnungen: „In den ersten zehn Jahren konntest du 50 Prozent abschreiben!" Als Hausmeister setzte er den Polier Günther Küster ein und gemeinsam mit ihm klingelte er eines Tages auch bei einer Mieterin, über die sich die Nachbarn beschwert hatten: Eine Zumutung sei diese Frau, lasse die Kinder nur in Windeln bekleidet auf der Straße spielen und kümmere sich nicht um das Geschrei der Kleinen. Jetzt wollte Fischer ein Machtwort sprechen und mit Kündigung drohen. Doch als die Hausfrau die Tür öffnete, blieb selbst dem wortgewandten Jungunternehmer die Spucke weg; sein Begleiter begann zu stottern und senkte peinlich berührt den Kopf. Nackt wie Gott sie schuf, stand die Dame in der Tür und grinste ihre Besucher an. „Ich war ja nicht allein", erläutert Fischer den Ausgang des Besuchs, sah allerdings von einem Rausschmiss ab.

Seine Zurückhaltung gegenüber Frauen hatte sich schon lange gelegt. 1949 war er als Büttel der Offenburger Hexenzunft beigetreten, und nach der zweijährigen Probezeit als Hexenanwärter genoss er es, im Häs und maskiert bei der

Straßenfasnacht seine Späße zu treiben. „Ich bin immer am höchsten gesprungen, wenn ich ein hübsches Mädle an einem Fenster gesehen habe, das ich beeindrucken wollte", verrät er. Karl-Otto Schimpf, der sowohl der Althistorischen Narren- als auch der Hexenzunft angehörte, hatte ihn geworben. Bereits als Junge hatte Ludwig dem Offenburger Hotelier, Krippensammler und -bauer Modell gestanden. Schimpf fertigte Skizzen, die er als Vorlage an Kunstschnitzer nach Oberammergau schickte. So gibt es den Fischer Louis en miniature als König aus dem Morgenland oder über dem Stall schwebenden Verkündigungsengel. Jetzt spielte er mit dem Habich Willi in von Karl-Otto Schimpf inszenierten Theateraufführungen für die Fasnacht, vorzugsweise Adaptionen aus der griechischen Mythologie. „Für Schimpf war das eine todernste Sache", erinnert Louis und ergänzt: „Für mich nicht! Der Willi mimte Zeus, der sich in Schwanengestalt Leda näherte, und ich bat: Willi, darf ich dein Schwan sein?"

Bereits Louis Fischer senior war ein beherzter Narr, der im Elferrat der Althistorischen Narrenzunft saß und vor dem Krieg alljährlich mit Gastwirt Carl Schell Fasnachtsveranstaltungen im „Schwanen" organisierte. Als „eines der größten Viecher der Offenburger Fasent" bezeichnete ihn Franz Burda, dessen Vater die Narrenfigur des Andres gab, indessen Fischer bei der Fasentdaifi am Schmutzigen am Neptunbrunnen vor der Einhorn-Apotheke die Hebamme mimte. Schon als Kind trug Ludwig das Häs eines Spättlehansele, das ab Mitte der 1920er Jahre erstmals zu sehen war. Sein Vater nahm ihn mit zur Redoute in die landwirtschaftlichen Hallen und pflegte in alteingesessenen Lokalen die Tradition des Schnurrens und Schnaigens, bei der Mitbürger mit spitzer Zunge zum Narren gehalten werden. Als junger Mann tat Ludwig es ihm nach und trieb, als „Bäuerle“ verkleidet, Schabernack. Einen Rucksack geschultert, gefüllt mit Speck, Bauernbrot, Honig, Schwarz- und Leberwurst sowie Heringen, schlug er in der „Sonne“ auf, um den Patron Karl-Otto Schimpf zu ärgern. „Ich hab die Schwänz von denne Hering an d’ Decke g’schmisse, wo sie fescht’klebt sin un g‘schtunke hän!“, hat er noch heute seinen Spaß. Besonders in Erinnerung hat er die erste Fasent nach Kriegsende, an der er mit Freunden als Zigeunergruppe im „Drei-König“ einlief, mit dabei einen Leiterwagen inklusive Weinfass: „Ich hab’ im Durbacher Plauelrain bei der Lese g’holfen und dofür ein paar Fläschle Wein bekommen, die habe mir zammegschüttet, des war dann ä Cuvée!“ Zwanzig Jahre lang war er als Hexe aktiv, dann beschloss er, „nicht mehr rumhopsen“ zu wollen. Auf die Aufforderung, Häs und Maske an die Zunft zurückzugeben, reagierte er nach Fischer-Art: „Ihr könnt sie gerne kaufen, schließlich habe ich beides selbst bezahlt.“ Noch heute ist das Kostüm in Familienbesitz. „Ich habe nie die schönen Stunden vergessen, die ich in der Offenburger Hexenzunft miterleben durfte“, schrieb Louis Fischer 1979 versöhnlich an Zunftmeister Walter Pfeiffer und honorierte das Hexenwesen mit einer großzügigen Spende.

Seine Anfang-Zwanziger waren glückliche Jahre. Ludwig Fischer war zum ersten Mal richtig verliebt. Die Auserwählte war eine Urlauberin aus Luzern: „Die Elsie Leutsinger war bildhübsch, hatte dunkle Haare und war zwanzig Jahre älter als ich", erzählt er. Directrice in einem Schmuckgeschäft in Bern sei sie gewesen, habe neben Schweizerdeutsch Italienisch und Französisch gesprochen und: „Sie hat mich verführt und ich konnte nicht widerstehen." Ludwig verbrachte viele Wochenenden bei ihr in Luzern, stellte Elsie seinen Eltern vor und nahm sie mit in den Familienurlaub nach Fischen im Allgäu. „Wir haben lange rumgemacht", erinnert er, „und ich wollte sie heiraten."

Doch die Liebe ging zu Ende und Mitte der 50er erregte eine junge, attraktive Frau aus Berlin seine Aufmerksamkeit. Felicitas Wendel war Zeichnerin im Modehaus „Horn" am Kurfürstendamm gewesen, das für seine urbane, weltläufige Eleganz bekannt war und über das Karl Lagerfeld einmal sagte: „Meine Halbschwester ruinierte sich bei Horn. Das war mal einer der größten Modefabrikanten der Welt. Das war nicht spießig, das war nicht Hausmannskost." Aenne Burda, die regelmäßig die Schauen in Berlin besuchte, lockte Felicitas Wendel nach Offenburg, indem sie ihr 350 Deutsche Mark monatlich in Aussicht stellte, das waren zweihundert mehr als „Horn" bezahlte. Ihr neuer Arbeitsplatz lag in einem Seitentrakt der Burda'schen Familienvilla, später in dem von Egon Eiermann geplanten Verwaltungsgebäude am Kestendamm; in ihrer Freizeit lernte Felicitas an der Seite von unternehmungslustigen jungen Offenburgern das Umland und die Tücken des badischen Dialekts kennen. „Hebsch mei Fahrrad!“, forderte Dieter Pröttel, ein Neffe Franz Burdas, sie auf, als die beiden auf einer Obstwiese Kirschen stehlen wollten – und Fee, wie die Freunde sie nannten, hielt irritiert das Hinterrad in die Höhe. Als ein Wochenendtrip zur Skiclubhütte „Ladstatt“ unterhalb des Brend geplant wurde, verwunderte sie der gut gemeinte Rat: „Bringsch ä Teppich mit!“ – „Das muss eine miese Hütte sein“, dachte die Städterin bei sich, „wenn es dort nicht einmal einen Teppich auf dem Fußboden gibt.“

„Fee sprach ein gepflegtes Hochdeutsch, war unheimlich intelligent, beherrschte Englisch wie eine Engländerin, war sehr belesen und hat mich zur klassischen Musik gebracht“, sagt Louis Fischer, der Ricarda Edit Christine Felicitas Wendel bei einem Treffen im Freundeskreis kennenlernte und am 18. April 1958 heiratete. In der „Kreuzkirche“ sprach der Pfarrer den Segen, in der „Sonne“ wurde gefeiert. Die Eheleute bezogen eine Zwei-Zimmer-Wohnung in der Schillerstraße, und am 23. Juli erhielt der frisch gebackene Ehemann einen Bußgeldbescheid über 29,50 Mark vom Amt für öffentliche Ordnung mit dem Wortlaut: „Sie haben am 1. 4. 58 eine Wohnung im Hause Schillerstraße 2 in Offenburg bezogen, ohne die Erlaubnis der Wohnungsbehörde hierzu eingeholt zu haben.“ Noch immer schüttelt Louis Fischer darüber den Kopf: „Ich habe schon damals dumme Vorschriften von Politikern nicht beachtet!" Am 28. Oktober kam das „Sechs-Monats-Kind" Ludwig Rico, Rufname „Lucki", zur Welt. Fischer senior war wütend ob der Brautwahl seines Sohnes: „Die Preußen sollen bleiben, wo sie herkommen!" Und Fees Mutter Irene, nur „Mimo" genannt, urteilte nicht minder harsch über den Schwiegersohn: „So ein Puppensammler hat gerade noch gefehlt!" Dennoch zog sie bei der jungen Familie ein. Diese Konstellation auf engstem Raum funktionierte ein Jahr lang mehr schlecht als recht, dann siedelte das Quartett in die Vier-Zimmer-Wohnung im vierten Stock des Fischer-Hauses in der Hauptstraße um. Das Verhältnis von Ludwig und Mimo wurde nicht nur durch sprachliche Differenzen getrübt; wenn die Berlinerin den Badener partout nicht verstehen wollte, forderte sie: „Ludwig, Ludwig, würdest du das noch einmal auf Hochdeutsch sagen!" Und der grinst rückblickend nur verschmitzt: „Das kann ich bis heute nicht!"

Übertroffen wurde die Dominanz der Schwiegermutter von Louis Fischer senior, der seinen Betrieb nach Gutsherrenart führte. Der herzkranke, übergewichtige Chef regierte die Firma von seinem Büro aus, wo er seinen Arbeitern auch am Monatsende das Salär in bar in einer Lohntüte aushändigte. Auf Baustellen ließ er sich von Hermann Kopf in seinem Direktionswagen, einem Mercedes 170 S, kutschieren, in dem er vor Ort sitzenblieb und von der ledernen Rückbank aus Befehle erteilte. Für seinen Sohn gab es keine

Ausnahme, so dass dieser eines Tages aufbegehrte: „Vater, ich lass mir von dir nix sagen!“ Ludwig Fischer forderte einen Gesellschaftervertrag und drohte damit, die Firma zu verlassen. Da der Senior ein „sturer Hund“ war, quittierte der Junior den Dienst: „Ein paar Tage lang bin ich mit Fee und Lucki spazieren gelaufen“, erzählt Fischer, dann traf er eine Entscheidung: „Ich bin zum Senator und habe gesagt: Herr Doktor, ich will mich selbständig machen!“ Bei Franz Burda, noch immer im Zwist mit dem alten Herrn, lief er offene Türen ein: „Großartig, Ludi! Wenn du von der Volksbank Geld brauchsch, bürg’ ich für dich!“ Und auch ein Grundstück stellte er dem potenziellen Jungunternehmer in Aussicht: „Am unteren Mühlbach kannsch deinen Bauhof einrichte!“ Bevor es so weit kam, war Louis Fischer senior weichgekocht und unterzeichnete einen Vertrag mit seinem Sohn.

Dass der junge Bauunternehmer nicht minder hartnäckig als sein Vater sein konnte, hatte er bereits 1956 bewiesen. Nachdem Fritz Schäffer, Bundesminister der Finanzen in der Regierung Adenauer und bekannt für seinen „Juliusturm“ in Höhe von acht Milliarden Mark, Mittel für Kasernenneubauten für die 1955 gegründete Bundeswehr in Aussicht gestellt hatte, gab Ludwig Fischer ein Angebot für Pfullendorf ab. „Du spinnsch!“, kommentierte der Vater, doch Ludwig ließ sich nicht beirren und erhielt den Auftrag. „Mit dem berühmten Lastwagen, in dem die Fußballer spazieren gefahren worden sind, bin ich montagmorgens um fünf das Kinzigtal hoch und hab' die Jungs in Biberach, Steinach und Haslach eingesammelt", erinnert Louis Fischer und lobt: „Das waren alles gute Leute." Bei Wind und Wetter saßen sie die zweieinhalb Stunden dauernde Fahrt nach Pfullendorf auf der Ladefläche des Holzvergasers, der zischte und rauchte. „Manchmal glaubte man nicht, den See je zu erreichen", schmunzelt Fischer über die Zeit von Sommer 1957 bis Frühsommer 1959. Der Kasernen-Bau, zwanzig Kilometer nördlich des Bodensees, gab den Impuls, 1964 eine erste Niederlassung zu gründen: die Louis Fischer Bauunternehmung GmbH & Co KG Radolfzell. Bereits im Vorfeld hatte sich der Juniorchef einen Ford-Kombi zugelegt.

In Offenburg witterte Fischer eine Chance, den einst treuesten Kunden Franz Burda zurückzugewinnen. Bereits 1938 hatte die Firma Fischer das erste Druckereigebäude für Burda an der Unionrampe gebaut, 1952 zeichnete sie für den Komplex von Druckereihallen, Kesselhaus und Turm auf der Kronenwiese verantwortlich; jetzt fragte Franz Burda junior an, ob Fischer für einen Konkurrenten einspringen könnte. Das Offenburger Unternehmen Schweizer-Bayer hatte den Zuschlag für eine Papierschnitzel-Anlage erhalten und angefangen zu bauen, bis Burda einen Baustopp anordnete, nach 14 Tagen die Arbeiter wieder einbestellte, erneut stoppte, nach weiteren zwei Wochen die Fortsetzung einforderte ..., und so ging es weiter, bis dem Auftragnehmer der Kragen platzte: „Ihr könnt mich mal! Ich hab' meine Leute auf einer anderen Baustelle." Franz Burda junior, mit Ludwig Fischer befreundet, warf ihm einen Stein in den Garten: „Kannsch du des mache? Hasch 14 Tag' Zeit!" Fischer zog seine Männer in Pfullendorf ab und baute fristgerecht. „Das war mein Wiedereinstieg bei Burda", freut er sich noch heute.

Den Zuschlag für das nächste Burda-Projekt, das knapp 70 Meter hohe Verwaltungshochhaus auf der ehemaligen Eiswiese, erhielt er vom Senator unter der Prämisse: „Dein Vater braucht nicht auf die Baustelle zu kommen!" Im Oktober 1961 erfolgte der erste Spatenstich für den Bau aus einem 160-Tonnen-Stahlgerüst und mit 25.000 Kubikmetern umbautem Raum. „Wir haben tagelang Eisen gebunden für die Kellerwände", erinnert der Oberkircher Maurermeister Josef Haas, der für das Großprojekt eingekauft worden war. „Ich hatte zuvor in Frankfurt Hochhäuser gebaut, als ein Kumpel mich ansprach: Du Seggel, komm zu uns, mir mache au in Offeburg ä Hochhaus!" In der Einfahrt zum Hinterhof der Firma Fischer traf er auf einen Mann, der ihn ansprach: „Du hocksch dich ins Auto ni!" Nach wenigen hundert Metern Fahrt hatte Haas einen neuen Arbeitgeber: „Das war der Louis. Du kommsch und gehsch rüber zu Burda, sagte er."

November und Dezember waren eisig kalt. „Damals gab es weder Helme noch Baustellenkleidung", verdeutlicht der Haase Sepp und erzählt von Wollhandschuhen, die die Mutter gestrickt hatte und die durchlöchert waren. Wie dankbar waren die durchgefrorenen Männer, wenn der Senator gegen Mittag auf der Baustelle erschien und verkündete: „Litt, jetz gehner was Mittagesse in der Kantin, do gibt's ä warmi Supp un ä Brot dezu!" Nicht minder war die Freude an heißen Sommertagen, wenn Franz Burda in der Bauhütte auftauchte und den Lehrbub fragte: „Wieviel Litt sinner hit?" – „Zwölf, Herr Doktor!" – „Gut, ihr kriege zwölf Flasche Bier." Und am nächsten Tag: „Wieviel sinner hit?" – „24, Herr Doktor!" Der Bauherr durchschaute das Spiel, zeigte sich aber verständnisvoll: „Gell, hesch de Ranze voll kriegt, wiel de nur zwölf g'sagt hesch!"

Der Umgangston auf der Baustelle war rau und direkt, ebenso wie im Männerbad, wo Ludwig Fischer gemeinsam mit Senator Franz Burda Faustball spielte. Ursprünglich war das Männerbad eine geschlossene Badeanstalt am Mühlbach. Seit der Mitte des 19. Jahrhunderts badeten die Offenburger streng nach Stand, Alter und Geschlecht getrennt. Die Männer am Ochsensteg, die Frauen im Kronenbach, die Schüler des Gymnasiums im unteren Mühlbach und die Volksschüler oberhalb der geschlossenen Badeanstalt. Diese Anstalt war das über dem Mühlbach errichtete hölzerne Badhaus der Männerbad-Gesellschaft, auch „Actien- oder Herrenbad" genannt. Die Besucher, meist wohlhabende Offenburger, frönten der Freikörperkultur. Schwimmen konnte man nicht, vielmehr klammerte man sich an die Balken unterhalb der Umkleidekabinen und ließ sich ins Wasser baumeln. Zur Ertüchtigung wurde im heckenumzäunten Areal Faustball gespielt. „Franz Burda war der Zuleger, der am wenigsten laufen musste, ich der Schläger“, berichtet Louis Fischer. Einmal, so erzählt er freimütig, habe er „Scheißdreck“ gespielt und der Ball sei zweimal ins Netz gegangen. Der Senator, der ihn nur Ludi nannte, beschwerte sich: „Wenn du den Ball noch einmal so spielst, bekommst du keinen Auftrag mehr!“ Fischer konterte: „Herr Doktor, ich will anständige Zulagen und keinen Auftrag.“ Und freut sich noch heute: „Der het die Gosch nimmi zukriegt.“ Dann folgte eine Salve: „Ludi, du frechi Drecksau! Du Rialo mit Franse un Bolle!“ Das Spiel wurde dennoch gewonnen und der Senator spendierte einen Kasten Bier. Dann folgte unter lautem Gegröle wieder einmal eine Rede von „Papa“ alias Rechtsanwalt Fritz Morstadt. „Keine Fete ohne Morstadt-Rede“, reimte Franzl Burda und Fischer erinnert: „Papa war nur zu stoppen mit überlauten Bravo-Rufen oder mit Geschenken. So geschehen, als ich ihm eine alte Walze vermachte, um den rauen Platz zu walzen.“ Nach den Spielen wurde in der Gaststätte Skat gespielt oder geschwätzt. „Skat hat mir weniger gefallen, weil meine Freunde behaupteten, ich würde bescheißen“, berichtet Louis Fischer und fügt hinzu: „Ich war empört! Doch dann wurden Betrugsstrafen eingeführt: Wer beim Bescheißen verwischt wurde, musste in die Abendkasse eine Strafe zahlen. So machte mir das Skatspielen wieder Spaß!“

Die Männerbädler waren nicht zimperlich, und vergnügt verweist Fischer auf eine weitere Anekdote: Der „Herr Landgerichtsdirektor“ habe sich beim Henninger Seppo, der das Bad am Mühlbach pflegte, beschwert, dass die Seife nicht gut rieche. „Kaufen Sie eine andere!“, forderte er. Die Antwort war deutlich: „Herr Direktor, Sie müsse zuerst das Gesicht und dann den Arsch wasche!“

So locker die Stimmung in der Freizeit auch war, im Arbeitsalltag wurde Leistung erwartet. Jede Woche, so der Anspruch des Senators, sollte ein neues Stockwerk des Hochhauses fertig sein. Zur Belohnung wurde jeweils ein Richtfest gefeiert, mit Musik und ausreichend Bier. „Sogar fürs Pförtnerhäusle gab's ein Fest“, schmunzelt Louis Fischer und erinnert die Kommentare, wenn sich Franz Burda bei solchen Anlässen unter dem Vorwand, einen Termin beim Steuerberater zu haben, vorzeitig verabschiedete: „Der Alte het ä Schleifli g'macht!“ Soll heißen: „Er isch ab zur Freundin.“

Fischer selbst war am 19. Dezember 1959 zum zweiten Mal Vater geworden. Seine Ehefrau Felicitas hatte Sohn Matthias Louis, genannt „Bili“, zur Welt gebracht. 1968 bezog die vierköpfige Familie plus Schwiegermutter eine Villa in der Hölderlinstraße in Offenburg. „Ich hatte damals schon den Größenwahn“, gesteht der Bauherr, „ein Grundstück war mir zu klein, und so habe ich gleich zwei gekauft. Das waren 22 Ar.“ Das Haus lief auf Fees Namen und hier lebte sie auch bis zu ihrem Tod im Jahr 2012. Da war Louis Fischer schon lange ausgezogen und das Ehepaar getrennt. „Ich war ein Lumbeseggel“, gesteht er rückblickend.

Und dann erzählt er noch von einem Buch, das er wohl mehrfach bestellt und immer mal wieder Herzensdamen vermacht hat: „Die Tote von Beverly Hills“ von Curt Goetz. Dabei ging es weniger um die kriminalistische Handlung, die der deutsch-schweizerische Schriftsteller während des Zweiten Weltkriegs in Kalifornien erdacht hatte, als um die Widmung des Werks. „Die hieß: An meine Frau, die behauptet, ich könnte keine erotischen Romane schreiben“, erläutert Fischer, der seinerseits handschriftlich ergänzte: „Zur Erinnerung an be-sinnliche Stunden!“

Ludwig Fischer (Bildmitte, hinten) absolvierte sein Vorexamen am Karlsruher Technikum.

Während des Zweiten Weltkriegs züchtete Fischer senior Schäferhunde. „Sie hatten alle Adelsnamen", erinnert Louis Fischer, der sich prächtig mit den Hunden verstand.

Als Schütze unterm Sternenhimmel: Ludwig bei einer von Karl Otto Schimpf inszenierten Theateraufführung.

In einem Abendkleid von Schwester Hanne (links) und als holde Maid an Fasnacht.

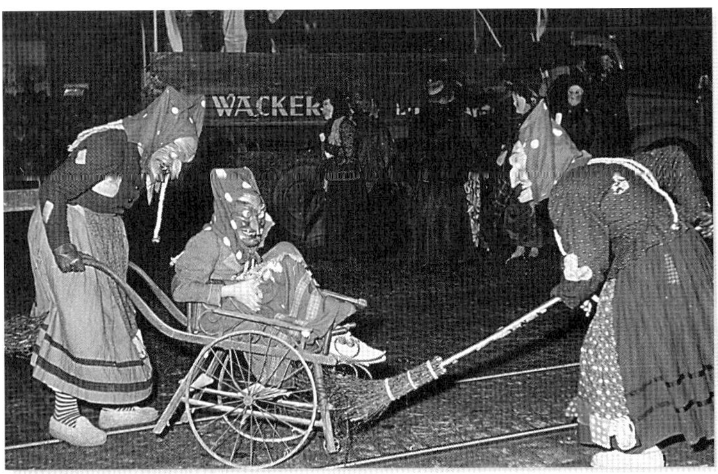

Offenburger Hexen: „Wackerle“ Rolf Endlich, „Dürrständer“ Louis Fischer im Schubkarren und „Färbli“ Günther Eckerle (von links).

Louis Fischer mit Zylinder bei einem Richtfest der Druckerei Burda.

Louis Fischer senior (links) und Senator Franz Burda.

Louis (rechts) mit Schwester Hanne (2. von links), Freundin Elsie (2. von rechts) und Kameraden: „Ich war Anfang zwanzig und Elsie vierzig."

Fischer (rechts) mit seiner ersten Ehefrau Fee und Frieder Burda.

Mit Zuckerbrot und Peitsche

Was für Generationen von Bundeswehrsoldaten nur „Stetten am kalten Arsch“ war, bedeutete für Louis Fischer das Puzzleteil einer Erfolgsgeschichte. Hier baute seine 1964 neu gegründete Niederlassung in Radolfzell Kraftfahrzeughallen für die Albkaserne. „Wenn man vom Schwäbischen Meer auf die Schwäbische Alb kam, war das schon ein komisches Gefühl und ein ganz großer Unterschied. Unten am See gab es schon die ersten Kirschen, während es droben auf der Alb noch kräftig schneite“, erinnert er. Die Gründung der ersten Niederlassung im Jahr des hundertsten Bestehens des Baugeschäfts verbindet der Unternehmer mit dem Maurermeister Werner Bächle, der bereits Ende der 50er den Bau der Kaserne in Pfullendorf leitete: „Er war es“, lobte Fischer im September 1974, „der den Sitz in weitgehend eigenständiger Verantwortung zu Größe und Bedeutung auf- und ausbaute.“ Und er fügte hinzu: „Für unsere späteren Betriebsgründungen in Berlin, Stuttgart und Mannheim waren die wertvollen Erfahrungen in Radolfzell eine wichtige Voraussetzung.“

Der Bauboom der frühen 60er Jahre hatte Louis Fischer an den Bodensee gelockt. Neben Gebäuden für die Bundeswehr baute er Bungalows und Hotels, Hochhäuser und Sanatorien, Uferbefestigungen und Brücken. Einer der ersten Aufträge war 1961/62 die Brücke in Allensbach:

„Das war damals noch eine kleine verträumte Gemeinde", erzählt er. Die Fischer-Leute nahmen Quartier bei „Madame Weltin", wie sie ihre Zimmerwirtin vornehm nannten. Sie war es, die den „steif gefrorenen Rudi Herr mit einigen Grogs wieder zum Leben erweckte", als er, die Hände bis zu den Ellenbogen in den Hosentaschen, auf dem zugefrorenen See spaziert, in ein Entenloch stürzt und von seinen Kollegen befreit worden war. In einem Drei-Mann-Zimmer der Pension nächtigten die Herren Haas, Herp und Bächle. Erstere stopften eines Abends den Schlafanzug von Bächle aus und drapierten diesen lebensecht in dessen Bett. Als der Kollege im Dunkeln das Zimmer betrat und leise unter seine Decke schlupfen wollte, erschrak er – „Mensch, da liegt ja einer drin!" – und suchte schleunigst das Weite.

Die Abende verbrachten die Männer im Café Schaub, „besser bekannt als Café Kleebarsch, weil sich keiner zum Gehen entschließen konnte", so Fischer. Die Mannschaft bestand neben Offenburgern aus „Preußen und Italienern", die im Oktober 1962 in Möggingen mit dem Bau einer Vogelwarte begannen. „Zwei Tage vor Weihnachten betonierten wir die letzten Kellerwände, bis uns die Betonmaschine einfror", berichtet der Bauunternehmer. Und auch nach den Festtagen war bei Temperaturen von minus 15 Grad nicht ans Weiterarbeiten zu denken. Bis zur letzten Märzwoche musste die Baustelle stillstehen. Dann war Werner Bächle wieder mit seinem roten VW unterwegs, der ihm den Spitznamen „Roter Blitz" eingebracht hatte.

1963 zog er mit seiner Familie von Fischerbach nach Radolfzell, und seine Garage war das erste Lager der Firma Fischer, sein Wohnzimmer das Büro, das seine Frau Margit bekümmerte. Ein Jahr später wurden Betriebsräume in der Stürzkreutstraße bezogen.

„Der Bodensee war der Traum von jedem“, erzählt Polier Sepp Haas, der laut Fischer „eine der schönsten und wohl auch interessantesten Baustellen“ leitete: die evangelische Christuskirche in Radolfzell. Das alte Kirchenschiff inklusive Turm wurde abgerissen und ein imposanter Neubau erstellt. Die Aufträge wurden zahlreicher, ebenso die Anzahl der Mitarbeiter, so dass 1969 expandiert wurde. Fischer übernahm die Baufirma Hirling in Radolfzell und mit ihr einen 10.000 Quadratmeter großen Bauhof, auf dem Büros, Lagerplätze, Werkstätten und Ausländerwohnheime errichtet wurden. Mit dreißig Mitarbeitern von Hirling war das Fischer-Team am Bodensee auf hundert Mann angestiegen. „Während früher die Kollegen aus Offenburg in Radolfzell aushelfen mussten, ist es heute eher umgekehrt“, schrieb der Chef 1974 und verdeutlichte: „So mancher Bodenseeler hat schon in Stuttgart, Mannheim oder Offenburg als tüchtiger Kollege mitgearbeitet.“

An seinem Stammsitz landete Louis Fischer einen Coup, der sich als Steilvorlage für die weitere Expansion der Firma entpuppen sollte. Dabei war ein Besuch beim Durbacher Freiherrn Hubert von Neveu mehr als niederschmetternd gewesen. Fischer hatte Wind davon bekommen, dass der Adlige und Ehrenpräsident des Badischen Weinbauverbands, den die Winzer nur „Herr Baron“ nannten, sein Anwesen in der Offenburger Hauptstraße veräußern und der Fürther Versandhandel „Quelle“ dort ein Kaufhaus nebst Technik-Center errichten wollte. „Ich habe bereits einem anderen mein Wort gegeben“, blieb von Neveu standhaft und dem Bauunternehmer nichts anderes übrig, als sich mit diesem anderen, einem Rauchwaren- und Fellhändler namens Phaedon Peter Zygoures, gebürtig aus Leipzig, tätig in Frankfurt und wohnhaft in Mannheim, zu verständigen. Von ihm erhielt die Fischer Bau den Auftrag für das vierstöckige Gebäude, in dem neben der „Quelle“-Filiale auch ein „Kaiser's Kaffeegeschäft“ untergebracht werden sollte. Das Richtfest wurde ausgelassen gefeiert, und Louis Fischer bewarf vom Flachdach aus die Passanten auf der Straße übermütig mit Kronkorken. „Herr Fischer“, sagte Zygoures, „ich hätte da eine Sache in Berlin.“

In der Karl-Marx-Straße in Neukölln avisierte die „Quelle“ einen Kaufhaus-Neubau, für den Fischer Planung, Bauleitung und Finanzierung übernehmen konnte. „Ich bringe Ihnen den Vertrag“, so Kontaktmann Zygoures, „aber ich habe keinen Pfennig.“ Der Kaufhaus-Konzern wollte nicht selbst bauen, sondern mieten. „Das ist manchmal etwas teurer, ermöglicht aber eine schnellere Expansion – denn der Kapitalbedarf der Handels-Giganten ist enorm“, erläutert Fischer die Situation im Jahr 1970. In einer Cessna 150, die er sich von der Fliegergruppe Offenburg geliehen hatte, flog Louis Fischer selbst nach Frankfurt, um bei einem Notar den Grundstücksdeal perfekt zu machen. 600.000 Mark in bar führte er in einem Koffer mit sich, und er gesteht: „Damals hatte ich mein erstes Magengeschwür vor lauter Aufregung.“ Der Finanzplan stand noch nicht, als ihm ein benachbartes Grundstück von der Stadt Berlin angeboten wurde. Peter Zygoures und Ludwig Fischer gründeten eine Trägergesellschaft, die Neuköllner Kaufhaus-Beteiligungs-GmbH & Co Betriebs-KG, mit einer persönlichen Einlage von 40.000 Mark und Kommanditbeteiligungen in Höhe von 510.000 Mark. Insgesamt hatte Louis Fischer weit über 30 Millionen Mark zu beschaffen und die Verhandlungen mit den Banken verliefen zäh. Schließlich übernahm ein Sparkassen-Verbund den Lowenanteil der Finanzierung. Bilfinger Berger baute das Kaufhaus auf einer Grundfläche von 6.300 Quadratmetern mit rund 18.000 Quadratmetern Geschossfläche und einem Parkhaus mit 500 Stellplätzen schlüsselfertig. Zur Eröff nung des Kaufhauses 1970 kamen Grete und Gustav Schickedanz. „Er war bereits so gebrechlich, dass sie ihn zu zweit ans Pult heben mussten“, erinnert Louis Fischer. Der Selfmademan aus Fürth, Jahrgang 1895, hinterließ 1977 seiner 65-jährigen Witwe eine Unternehmensgruppe, die im Jahr mehr als acht Milliarden Deutsche Mark umsetzte und 42.000 Mitarbeiter beschäftigte. 1983 verkaufte Louis Fischer das Berliner Haus an „Quelle“, die Anteile des weitaus älteren Zygoures sowie von Kommanditisten hatte er bereits vorab übernommen. Der Komplex befindet sich mittlerweile im Besitz der „S IMMO AG"; zuletzt war ein „Karstadt"-Outlet in den Räumlichkeiten untergebracht. 2019 sollen hier die Bauarbeiten für „101 Neukölln" beginnen – mit Einzelhandelsgeschäften, Gastronomie, Fitnesscenter und Büros. Rückblickend sagt Louis Fischer: „Das war eines meiner besten Geschäfte, die ich je gemacht habe." Die geschäftstüchtige Grete Schickedanz setzte bereits auf eine zweite Schwarzwald-Connection.

Sie war auf Fischers besten Freund, Emil Höfler aus Offenburg, aufmerksam geworden. Dessen Mutter führte einen Tante-Emma-Laden in der Schlossergasse, sein Schwiegervater war Bürgermeister Eugen End; Höfler selbst hatte Chemie studiert, war ein begabter Fußballspieler, überzeugter Sozialist, Pädagoge, intelligent, kreativ und sein Leitspruch lautete: „Ich helfe jedem, dem es schlecht geht, aber nicht, wenn einer faul ist!" Louis Fischer schätzte seine Direktheit – „Louis, wenn du mit dem, was du hesch, nit zfriede bisch, bisch nie zfriede" – und spricht noch heute voller Bewunderung über den 1981 tödlich verunglückten Freund: „Der hät alles könne, der Latschi!" So vertrat Emil auch seine erkrankte Schwester, die eine „Quelle"-Filiale in Offenburg leitete, und hatte sofort eine zündende Idee. Er entwickelte ein kostensparendes Modell für den Versandhandel, so dass Grete Schickedanz ihn umgehend einstellen wollte: „Ich bezahle Ihnen das Betriebswirtschaftsstudium, wenn Sie zu uns kommen!" Doch Emil Höfler ließ sich nicht locken: „Mein Beruf ist die Kindererziehung", war er überzeugt und zog eine Stelle an der Höheren Handelsschule vor. Doch sein Engagement ging weit über den Schuldienst hinaus. „Emil war ein Sozialarbeiter auf freiwilliger Basis", beschreibt Richard Jaekel, Jahrgang 1961, der seit fast vier Jahrzehnten für Louis Fischer tätig ist und Höfler während seiner Jugend kannte. Jaekel kam aus Bohlsbach, wuchs in Uffhofen auf, war in den 70ern Mitglied der „Scorpions" und hatte zahlreiche Freunde aus dem „Uhlgraben". Mit seinen Kumpels fuhr er im mit zehn Mann beladenen Auto über den zugefrorene Gifizsee. Disziplin bewies er auf dem Sportplatz des OFV oder wenn Emil Höfler Klartext redete. „Er war kein Schleimer und hat gesagt, was Sache ist." Den Jugendlichen gefiel, dass der Lehrer stets „auf der Seite der Schwächeren war", und Richy Jaekel weiß, dass auch Louis Fischer auf den Freund hörte: „Emil hat ihn runtergeholt, wenn er ungerecht war", erinnert er und bringt es auf den Punkt: „Er war Louis' Gewissen."

So verwundert es nicht, dass Emil Höfler Vater des sogenannten „Offenburger Modells" war, über das Zeitungen und Magazine bundesweit berichteten. Die wissenschaftliche Ausarbeitung hatte Professor Dr. Hans Georg Schachtschabel, Lehrstuhlinhaber für Wirtschafts- und Sozialpolitik an der Universität Mannheim, SPD-Politiker und von 1969 bis 1983 Mitglied des Deutschen Bundestags, übernommen. Am 1. Januar 1970 war die Partnerschafts-Vereinbarung in Kraft getreten, die jedem Mitarbeiter, der drei Jahre lang bei der Firma tätig war, die Beteiligung als stiller Gesellschafter an der Louis Fischer KG bot. Als entscheidenden Grund nannte der Chef, „dass wir in unserem Betrieb seit Jahren eine Stammmannschaft haben, die so hervorragend ist, dass man sie nicht mit Gold aufwiegen könnte“. Deshalb wäre es nicht einzusehen, dass der Gewinn nur ihm gehören, sondern auch seine vier- bis fünfhundert Beschäftigten davon profitieren sollten. Typisch Fischer Louis schrieb er 1976 rückblickend in der Firmenzeitschrift: „Ich mache kein Hehl daraus, dass ich immer noch etwas an dem Grundsatz hänge: Jedem das Seine, aber für mich ein klein wenig mehr!“ Und fügte hinzu: „Unsere Mitarbeiter wissen das, ich sag’ es auch ungeniert auf der Betriebsversammlung.“ Doch insgesamt ging es dem Unternehmer um eine gerechtere Vermögensteilung, mehr Mitverantwortung und Motivation. In der Praxis hieß das: Unternehmer und Mitarbeiter erwarben Anteile am betrieblichen Vermögen, und zwar zum Zweck der persönlichen Vermögensbildung. Von dem teilungsfähigen Jahresgewinn gingen ab 1970 eine Hälfte an die Unternehmerpartner, die andere an die Mitarbeiterpartner. Von ihrem Netto-Gewinnanteil standen den Arbeitern und Angestellten 50 Prozent zur freien Verfügung, die andere Hälfte wurde zur Vermögensbildung angelegt. Sechs Jahre später zog Louis Fischer eine Bilanz: „Vier Jahre lang hatten wir erfreuliche Gewinne, von 1970 bis 1973.“ In dieser Zeit hätten regelmäßig zirka 80 Prozent der Mitarbeiter ihre Gewinnanteile im Betrieb stehen lassen. Etwa 20 Prozent verlangten Barausschüttung. Sie bekamen ihren frei verfügbaren Anteil sofort.

In Offenburg hatte die Fischer Bau im Februar 1973 den Auftrag für das Schillergymnasium erhalten, „das größte Einzelbauvorhaben, das die Stadt je vergeben hat – schlüsselfertig", wie der Unternehmer betont. Am 2. Mai war Spatenstich, im Dezember Richtfest, am 1. August 1974 sollte die neue Schule fertig sein. Die Betriebszeitung berichtete über den Wettlauf mit der Zeit: „An allen Ecken und Enden der Baustelle wurde gesägt und gehämmert. Und mittendrin, im dicksten Trubel, konnte man immer wieder würdig schreitende Herren mit prüfenden Blicken beobachten, Bauämtler und Lehrer, kaum voneinander zu unterscheiden. Da außerdem bei den Innenarbeiten eine Menge Holz verarbeitet wurde, machte bald folgender Witz die Runde: Was ist der Unterschied zwischen Holz und einem Beamten? Antwort: Holz schafft!"

Dennoch verging Louis Fischer das Lachen: „In letzter Zeit werden über unsere Firma Gerüchte in Umlauf gesetzt, dass die Firma Fischer in Zahlungsschwierigkeiten sei", schrieb er im August 1974 an seine Mitarbeiter und beschwichtigte: „Trotz der konjunkturell sehr schwierigen Lage hat unsere Firma zur Zeit keinerlei Bankschulden." Sämtliche im Firmenbesitz befindlichen Grundstücke wären lastenfrei, der Bauhof, dessen Schätzwert bei 3,8 Millionen DM läge, wäre aus Eigenmitteln finanziert worden und ebenfalls lastenfrei. Das Gleiche gälte für den Maschinenpark. „Im Jahr 1973 haben wir 1,3 Millionen Mark investiert und bar bezahlt", verkündete er und wurde wütend: „Was wir mit Fleiß und Können in partnerschaftlicher Zusammenarbeit in den vergangenen Jahren miteinander aufgebaut haben, das lassen wir uns nicht von dummen Zungen madig machen, erst recht nicht von hinterlistigen Schwätzern."

Eiligst ließ er sich seine Solidität bestätigen. Der Verband baugewerblicher Unternehmer Freiburg e.V. lobte: „Ihre Firma hat es verstanden, dank Ihrer umsichtigen Geschäftspolitik heute eine Größenordnung zu erreichen, dass Sie unter den ca. 1.300 Mitgliedsbetrieben unseres Verbandes zu den fünf größten Unternehmen gehört." Das Regierungspräsidium Freiburg schrieb: „Nachteiliges über die Firma ist weder bei der technischen noch bei der finanziellen Abwicklung von Aufträgen bekannt geworden. Die finanziellen Verhältnisse der Firma sind als geordnet zu bezeichnen." Und die Industrie- und Handelskammer Südlicher Oberrhein bescheinigte: „Ein gutes Management in Verbindung mit soliden Finanzen, einem modernen Maschinenpark und einem qualifizierten Facharbeiterstamm sind die Basis für die Durchführung bedeutender Bauwerke im In- und Ausland." Doch die Krise, in der sich die deutsche Bauwirtschaft seit 1974 befand, machte auch der Offenburger Firma zu schaffen. „Unserer Belegschaft war bekannt, dass drei von vier Inlandsbaustellen rote Zahlen brachten. Da kann man keine Gewinne ausschütten", verdeutlichte der Chef. Obwohl viele Sonderleistungen gekürzt wurden oder sogar ganz entfielen, ließen laut Fischer „gerade in der Krisenzeit eine große Zahl von Partnern den frei verfügbaren Zins im Unternehmen stehen". So konnte es für ihn 1976 nur ein Fazit geben: „Unser Erfolgsbeteiligungs- und Mitbestimmungsmodell hat sich gut bewährt."

Im August 1978 schrieb sogar „Die Zeit" über das Fischer-Modell und bilanzierte: „Bis Ende 1976 wurden 1,95 Millionen Mark an die Belegschaft verteilt, davon 426.165 Mark als Zinsen bar ausgeschüttet. Von den 1,15 Millionen Mitarbeiterkapital waren dreißig Prozent juristisch verselbständigt." Gemeint war damit der Bau einer „Quelle"-Werkstatt in Offenburg, der zu 100 Prozent aus angesparten Gewinnanteilen finanziert wurde. „Träger und Vermieter ist unsere Vermögens-Verwaltungs-Gesellschaft. Sie firmiert vom Betrieb getrennt und ist voll in den Händen der Belegschaft", erläuterte die hauseigene Fischer-Zeitung. Den Anstoß hatte der Chef persönlich gegeben: „Da nicht mehr jede Mark im Betrieb benötigt wurde, schlug ich den Mitarbeitern vor, einen Teil ihres Kapitals aus dem Unternehmen herauszunehmen, um es zur Risikostreuung in anderer Form anzulegen." Am 20. Dezember 1976 wurde die Vermögens-Verwaltungs-Gesellschaft (VVG) notariell beurkundet, das Stammkapital betrug 20.000 Mark.

In vier Monaten Bauzeit inklusive Planung sollte die neue Kundendienst-Zentrale für „Quelle“ in der Offenburger Industriestraße fertiggestellt sein. Spontan setzten drei Mitarbeiter vom Fertigteilwerk ein Rundschreiben auf: „Wenn der Termin klemmt, dann langen wir eben samstags miteinander hin.“ Es war einer dieser unfreundlichen Dezembersamstage mit Schneetreiben, an dem 22 Mann auf der Baustelle erschienen und „freiwillig, ohne Stundenzettel“, ihren Dienst taten. Zur Stärkung gab es heiße Wurst und kühles Bier, und um halb zwei war alles betoniert. Samstag für Samstag schufteten die Fischer-Leute von sich aus auf der Baustelle, und am 1. April 1977 konnte die „Quelle“ einziehen.

„Der erste Bau, den wir für uns selbst bauen, hat schon einigen Symbol-Wert“, befand die Belegschaft und nutzte die Einweihung der Kundendienst-Zentrale für einen Tag der offenen Tür. Trotz strömenden Regens kamen mehr als tausend Besucher. Damit hatte niemand gerechnet. In null Komma nichts waren die Grillwürste ausverkauft. „Das war ein richtiges Sauerei, am Tag von offenen Tir!“, echauffierte sich Ference Varga in seinem charmanten „Budapeschter Hochdeitsch“, wie die Kollegen seinen Akzent titulierten. Anfang der 60er war das ungarische Unikum zu der Fischer-Truppe gestoßen und steuerte seither einen „Henschel-Allrad“, das „Flaggschiff unserer Beton-Armada“. Varga, so hieß es, wäre auf seinen Allrad-Kipper stolz wie andere auf den „guten Stern“.

Ference war sehr beliebt und wurde allseits gelobt: „Er ist ein bombensicherer Fahrer, erfahren, Hartholz. Vor allem aber ist er ein Kollege, der keiner Arbeit aus dem Weg geht. Schwierige Baustelle? Tiefer Matsch? Millimetersache beim Randrehen? Kein Problem. Ference macht das schon." Und der Franz, wie Ference in Offenburg gerufen wurde, konnte feiern. Regelmäßig lud er in seine berühmte Hütte in Rammersweier ein, wo es Hähnchen vom Grill und frisch Gezapftes gab. „Da müssen einige Federn lassen, und zwar nicht nur die vom Wienerwald", wussten die Fischer-Leute. Umso mehr ärgerte den großzügigen Gastgeber das Wurst-Desaster: „Ich komm von Arbeit. Wagenpflege bis elf Uhr. Stirz mich natirlich nicht gleich auf die Wirschte wie andere. Willsch du dann so gegen zwölf dein Wirschtchen: Nix mehr da! Pfui Deifel! Locken die Leide zum Quelle, reden von Pardnerschaft und haben nicht mal eine Wurscht. Schreiben aber in Zeitung als wär Schlemmerdag. Missen noch lernen, diese Bibchen, wie man Fest macht!"

Mit dem Niedergang des Versandhandels „Quelle" wurde das Gebäude in Elgersweier an die Schäfer Kunststofftechnik GmbH veräußert, die 2007 nach Ortenberg umzog. Heute empfängt hier der „FKK Club Lancelot" seine Kunden.

Ein zweites Projekt für die VVG folgte 1978. Da der Offenburger Stadtrat nicht in den Bau einer Flugzeughalle für Geschäfts- und Sportflieger auf dem Verkehrslandeplatz investieren wollte, griff die Vermögensgesellschaft des Bauunternehmens zu und baute die Halle. Ein Klacks für die Fischer-Leute, die 1971 Größeres auf dem Flughafen Frankfurt am Main geleistet hatten. Über die Frankfurter Wartungshalle wurde in „Unser Unternehmen" berichtet: „Sie ist so groß, dass bequem zwei Jumbos darin Platz haben. Davon ist einer wieder so groß, dass er bequem 400 Menschen nach Amerika bringen kann." Die Beton-Fertigteile für die 84 mal 67 Meter große Halle stammten aus dem firmeneigenen Fertigteilwerk, das 1967 in Offenburg seine Arbeit aufgenommen hatte. Lager- und Hausverwalter war Albert Krunig, unterstützt von seiner Frau Sofie. Morgens um halb fünf öffnete er Werkstor und Magazin für die Materialausgabe. Um fünf Uhr trafen sich Fahrer und Werksmitarbeiter zum Schwätzchen am „Bierkästle"; dann konnte der Arbeitstag starten. Im Sinne Krunigs beschwor ein Aufruf in der Mitarbeiterzeitung die Kollegen, die im Fertigteilwerk zu tun hatten: „Handwaschpaste gehört nicht an die Decke, und auch für Schrauben und Nägel gibt es passendere Aufbewahrungsplätze als Pissoirs und Kloschüsseln!" Es war Sofie Krunig, die diesen „Blödsinn" regelmäßig wieder in Ordnung zu bringen hatte.

„Fertigteile sind rationell, funktionell und preiswert. Sie erlauben rasche und millimetergenaue Bauweise", erläutert Louis Fischer. Jährlich lieferte das Offenburger Werk 30.000 Tonnen Beton-Fertigteile mit eigenen Tiefladern zu Baustellen, nach Berlin sogar mit dem Schiff. Dort errichtete die Bauunternehmung 1971 für das Versandhaus „Quelle“ das Regionallager Berlin-Mariendorf: 19.000 Quadratmeter Geschossfläche, 112.000 Kubikmeter umbauter Raum, die längste Stütze 21 Meter lang und 16 Tonnen schwer. „Ein interessanter Auftrag, eine Fülle technischer Probleme“, konstatierte die Mitarbeiter-Zeitung. Doch die Fischer-Leute lösten sie bravourös und ihr Chef erhielt ein Dankesschreiben von „Quelle“: „Der termingerechte Beginn dieses Betriebs ist durch den Einsatz Ihres Unternehmens ermöglicht worden. Sie haben nicht nur den ohnehin sehr kurz bemessenen Zeitraum zur Durchführung Ihrer Arbeiten gehalten, sondern darüber hinaus dank Ihrer guten Baustellen-Organisation den Termin um 30 Tage unterschritten.“ Dafür gab’s eine Prämie.

Seit der Gründung der Ludwig Fischer Baugesellschaft mbH 1970 in Berlin setzte sich das westdeutsche Unternehmen auf dem hart umkämpften Markt mit Leistung durch. So oblag Polier Franz Dörfer der Bau der U-Bahn-Brücke in Berlin-Tegel von September 1974 bis April 1975. Alle zwei Minuten brauste eine Bahn über die Baustelle, so dass manche Arbeiten nur in nächtlichen Verkehrspausen oder während zwei Wochenendsperrungen ausgeführt werden konnten. Im Winter wurde ein großes Zelt über die Baustelle gespannt und weitergeschafft. Mitte März war die neue Brücke fertiggestellt, und am 24. April, einem Sonntag, wurde das 700 Tonnen schwere Bauwerk im Schneckentempo an seinen Zielort verschoben. Am Montagfrüh um vier passierte die erste Bahn die neue Brücke. „Die Männer vom Berliner Senat sind voll des Lobes über unsere zuverlässige Arbeit", freuten sich die Fischer-Männer.

Ebenfalls 1974 wurde in Offenburg ein Brückenbauwerk errichtet. Die „Zauberflöten-Brücke" aus Stahl wurde durch eine Spannbetonbrücke ersetzt. Die Presse verfolgte die zwei Jahre andauernden Arbeiten: „Was sich abspielte, war spannend wie ein Krimi. An beiden Brückenpfeilern waren zwei Riesenkräne aufgestellt worden; ihre Aufgabe: In weniger als einer Stunde sollte die siebzig Jahre alte 100-Tonnen-Stahlkonstruktion hochgewuchtet und auf der bereits fertig betonierten neuen Schulbrücke abgesetzt werden. Ingenieure, Monteure und Sicherheitsbeamte hielten den Atem an, millimeterweise wurde die Brücke hochgezogen und nach Norden gedreht. Nach 34 Minuten war das minutiös geplante Manöver beendet. Die alte Schulbrücke lag wohlbehalten auf der neuen. Dort wird sie in den nächsten Tagen verschrottet. Der Zahn der Zeit hatte ihr stark zugesetzt. In letzter Zeit konnte sie nur noch mit Lastenbeschränkung befahren werden." Herrmann Kern leitete das gefährliche Projekt über den Hochspannungsleitungen der Bundesbahn. Die Sicherheitsvorschriften für die Arbeiter waren streng. Umso weniger traute Kern seinen Augen, als ein Kollege mit einem langen Draht hantierte und dabei das andere Ende zwischen den Oberleitungen baumelte. „In letzter Zehntelsekunde hatte

Herrmann seine Luchsaugen mal wieder dort, wo es brenzlig riecht. Er hat eiskalt reagiert, und der Mann war gerettet", lobten die Kollegen. Kern war der Mann für Herausforderungen und seit dem Bau der Kaserne in Pfullendorf dabei. Er leitete die Burda-Baustellen, die Großbaustelle der Bundespost in Lörrach und die der Staufenburg-Klinik in Durbach. Die dritte Klinik der damaligen Hurrle Klinikgruppe wurde 1976 eröffnet und firmiert seit dem Jahr 2000 als MediClin Staufenburg Klinik.

Während die Arbeiter in Durbach im Wettlauf mit der Zeit schufteten, belustigte Louis Fischer die Bauherren in Paris. Gemeinsam mit seiner Ehefrau Fee, Gertraud und Rüdiger Hurrle sowie dem befreundeten Ehepaar Elfriede und Karl Oberleitner stieg er für ein Wochenende im Nobelhotel „Plaza Athénée" in der Avenue Montaigne ab. Er hatte das Haus gewählt, weil er den Hoteldirektor von Wochenendaufenthalten am Bodensee kannte. Paul Bougenaux, der als Portier im „Plaza" angefangen hatte, war Gewerkschaftsfunktionär und mitverantwortlich, dass der Betriebsrat den Geschäftsführer des renommierten Hotels wählen durfte. Mit der kompletten Belegschaft hatte Bougenaux im Mai 1968 das traditionsreiche Haus besetzt, da es an britische Investoren verkauft werden sollte. Die Konzernherren lenkten ein und der Portier wurde von den 400 Hotelangestellten zum Top-Manager gewählt. Direktor Bougenaux ließ für insgesamt 10 Millionen Mark alle Hotelzimmer renovieren, automatisierte Telefon- und

Telegrammeinrichtungen und brachte neuen Glanz in den alten Palast. Unter seiner Führung stieg der Gewinn des damals teuersten Hotels Frankreichs – 1970 betrug der Zimmerpreis pro Nacht zwischen 106 und 200 Mark – um mehr als 100 Prozent. Diesem Selfmademan wollte Louis also einen Besuch abstatten. Paul Bougenaux, ein gut aussehender Franzose mit markantem Gesicht, staunte nicht schlecht, als die Truppe aus Deutschland eintraf. Alle drei Männer trugen Baskenmützen. Fischer hatte die Kopfbedeckungen erworben und Hurrle und Oberleitner verpflichtet, diese zu tragen, wohl wissend, dass die Basken aufgrund ihrer Autonomie-Bewegung im Paris der 1970er nicht gelitten waren. Bougenaux ermahnte den Freund, dessen Schelmenstreiche er kannte, sich während seines Aufenthalts zu benehmen, zumal König Hussein I. von Jordanien gerade zu Gast war. „Wir wohnten auf dem selben Gang wie der König und überall standen offizielle Sicherheitsleute in Uniformen“, erinnert Gertraud Hurrle. Der Direktor lud die drei Paare zu einer Besichtigung ein, und Gertraud Hurrle war begeistert von dem „smarten Hotel“, bis sie die Spülküche sah: „Das war vielleicht ein Saustall!“, echauffiert sie sich noch heute, „die algerischen Bediensteten standen mit nackten Füßen im Dreck.“ Louis Fischer war mehr an der Hauselektrik interessiert. „Wie er es gemacht hat, weiß ich nicht mehr“, sagt Gertraud Hurrle. War es der alte Gabeltrick oder hatte er den Sicherungskasten entdeckt? Auf einmal gab es einen Kurzschluss und das „Plaza Athénée“ lag im Dunkeln. Paul Bougenaux wusste sofort, wer der Verursacher war und wurde stocksauer. „Louis hatte einfach vor nichts Respekt“, resümiert Gertraud Hurrle lachend.

Zumindest nicht gegenüber Obrigkeiten oder auferlegter Etikette. Ernst nahm er seine Mitarbeiter und publizierte ab Mai 1972 die Hauspostille „Unser Unternehmen“, in dem auch seine Leute zu Wort kamen: „Im April 1965 erschien die erste Betriebsmitteilung – ein hektografiertes Blättchen. Vorher sagte der Chef jedem das Wichtigste – oder auch nicht.“ Jetzt erhielten die Kollegen regelmäßig druckfrische Informationen über Vorkommnisse auf den Baustellen und Tipps für alle Lebenslagen, unter anderem, welche Versicherung einspringen könnte, wenn man mit Alkohol am Steuer erwischt würde. Ein alternativer Ratschlag war: „Milch macht müde Männer munter!“ Wichtiges Dauerthema waren Unfälle auf der Baustelle, und Polier Robert Kalt erläuterte anhand eines Beispiels die Notwendigkeit von Sicherheitsschuhen: Gastarbeiter Marion war in einen 80-Millimeter-Nagel getreten, musste zum Unfallarzt, erhielt eine Tetanusspritze und verspürte daraufhin Stiche in Fußsohle und Oberschenkel. „Oh, egal, Assiger Nagel“, sagte er, doch Marion war arbeitsunfähig. „Natürlich musste die Lohnfortzahlung für unseren Gastarbeiter sofort anlaufen“, erklärte Polier Kalt, „was wiederum Schmerzen bereitete, nämlich unserem Chef.“ Umgehend wurden Sicherheitsschuhe en gros eingekauft und von der Firma bezuschusst.

In jeder Ausgabe gewürdigt wurde der Betriebssport. Anstoß für die erste Fischer-Fußballmannschaft in Radolfzell war die Weltmeisterschaft 1966 gewesen. Die Kollegen vom Hauptsitz in Offenburg und den Niederlassungen in Stuttgart und Mannheim zogen nach, so dass 1974 das erste Firmenturnier in Weier ausgetragen wurde. Der Wanderpokal ging an den Bodensee, aber ein Jahr später erkämpften die Offenburger die Trophäe mit einem überzeugenden Fünf zu Drei. Die Turniere, die stets an einem Samstag ausgetragen wurden, waren Festtage. „Alles, was im Offenburger Fischer-Fußball Rang und Namen hat, fuhr Richtung Radolfzell, ein großer Omnibus voll: Maurer, Schreiner, Eisenbieger, Verwaltungsfüchse und eine Ziehharmonika", berichtete die Mitarbeiterzeitung 1975. Nach dem Spiel gab's „Tanz, Jux und Bier bis Mitternacht". Das wollten sich auch die Irak-Fahrer nicht nehmen lassen. In Diwaniyya kickten sie auf einem Sandplatz und traten gegen Mannschaften anderer Unternehmen an, zum Beispiel der griechischen Straßenbaufirma „Scapaneus". „Mit einem Lkw starteten wir in Richtung Griechen-Dorf", bekundeten sie den Offenburger Kollegen, „auf der Pritsche hinten 28 Mann einschließlich Ersatzleuten, Fans und Masseusen." Anschaulich schrieben sie: „Unser Volvo-Ed, genannt Russenkittel, chauffierte uns sicher durch die Wüste." Die bereitliegenden Trikots passten, nur die Sporthosen hatten „C-Jugend-Format": „Deshalb spielten wir in Unterhosen." Bei 38 Grad im Schatten. Drei zu null in Führung, gingen die Fischer-Leute beruhigt in die Halbzeit und ließen sich verwöhnen: „Bärbel stärkte uns mit jenem Saft, den die Nationalmannschaft erst nach dem Match erhält: Bier! Und das hatte Folgen.“ Mit einem Gegentor nahm die badische Abordnung den Pokal trotzdem mit nach Hause: „Den haben wir gefüllt im Diwaniyya-Hotel. Immer wieder!“

Fußball-, Tischfußball-, Tennis-, Kegel-Turniere – an allen Fischer-Standorten wurden Gemeinschaft und Sport großgeschrieben und vom Firmenchef stets generös unterstützt. Die Großzügigkeit Louis Fischers wird allenthalben gelobt. „Bei ihm kam nie jemand zu kurz“, sagt Franz Dörfer, „er hat Geld verdient und seine Leute sollten auch etwas davon haben. Allerdings“, so der altgediente Fischer-Mann, „er hat mit Zuckerbrot und Peitsche regiert.“ Von Wutausbrüchen, Zoff und Tränen ist die Rede. Louis war das bewusst, und er schrieb 1973 an seine Mitarbeiter: „Ich weiß, dass mir nicht in jeder Minute das genau passende Wort auf die Zunge rutscht. Wenn ich mal, wie vor kurzem im Fertigteilwerk, den falschen Ton erwische, dann bitte ich das zu entschuldigen oder mich in der Diskussion zu korrigieren.“ Persönlich konnte er eingestehen: „Gell, jetzt war ich wieder unmöglich!“ Mit seiner unkomplizierten, kumpelhaften Art machte der Chef Ausraster immer wieder wett. „Der Herr Fischer ist immer authentisch“, fasst Roswitha Höfler zusammen, die seit über vierzig Jahren als Sekretärin für ihn arbeitet: „Er ist nie eingebildet und kann sich ebenso auf dem großen Parkett bewegen wie auch mit einfachen Leuten an einen Tisch setzen.“

Bester Freund und „Louis' Gewissen“: Emil Höfler.

1964 gründete Fischer eine Niederlassung in Radolfzell.

Das Leben ist eine Baustelle

Kunsthandwerk aus dem Orient, vergilbte Fotos und Geschichten aus Tausendundeinernacht sind es, die an ein Abenteuer erinnern, das vier Jahrzehnte zurückliegt und den Akteuren noch immer präsent ist, wenn auch rosiger, als die Realität einst war. Franz Dörfer aus Gengenbach, Mann der ersten Stunde in Diwaniyya, war von 1975 bis 1985 im Irak und in Algerien, Josef Haas, Maurermeister aus Oberkirch, arbeitete von 1976 bis 1981 in der irakischen Provinz al-Qadisiyya und in Bagdad, wo er als letzte Amtshandlung den Umbau einer Stadtvilla Saddam Husseins zu einem Museum überwachte. Und Ewald Wolf aus Rust, der von 1975 bis 1978 und von 1980 bis 1983 im Irak tätig war und mit Ehefrau Ilse, Tochter Claudia und Sohn Uwe die Anfänge des acht Jahre währenden ersten Golfkriegs miterlebte. Sie erzählen stellvertretend für viele von ihren Erlebnissen – und natürlich Louis Fischer, der große Zampano, der in Offenburg die Fäden in der Hand hielt, aber regelmäßig auf den Baustellen im Nahen Osten vorbeischaute. Ihm zu Ehren erwarben die ersten Fischer-Leute in Diwaniyya für fünf Dinar einen Esel, den sie mit einem Strohhut schmückten – durch zwei Löcher ragten die Ohren – und auf den Namen „Louis“ tauften. „Unser Chef“, witzelten die Arbeiter, „ist Tag und Nacht auf der Baustelle.“ Ab und an ritt Bauleiter Dörfer auf dem Tier um das Camp und lobte: „Er erreicht eine Spitzengeschwindigkeit von zwanzig Stundenkilometern.“

Als Franz Dörfer am 28. Juli 1975 mit Ehefrau und Hund Bagdad erreichte, war er 4676 Kilometer in sieben Tagen gefahren; 204 weitere bis Diwaniyya lagen noch vor ihnen. Vom Telefonamt in der Hauptstadt – „in ganz Bagdad gab es nur zwei oder drei Telefonapparate", so Louis Fischer – schickte er ein Telex an die Kollegen, die in den nächsten Tagen und Wochen folgen sollten: „Nehmt bitte alles mit, was ihr an Werkzeug braucht; das Beste ist gerade gut genug. Ihr bekommt unterwegs nicht einmal einen Schlüssel. Ich wünsche euch alles Gute und viel Glück; denn das braucht ihr bestimmt." Die LKW-Fahrer, die regelmäßig mit tropensicheren 30-Tonnern Material von Offenburg nach Diwaniyya brachten, konnten das später bestätigen: „Hilf dir selbst, dann hilft dir Gott!", lautete ihr Motto.

Koordiniert wurden alle irakischen Bauprojekte in der Fischer-Niederlassung in Bagdad. Das Haus, das Louis Fischer als Verwaltungszentrum angemietet hatte, war relativ neu, mutete „europäisch" an, befand sich „in günstiger Lage" in der Millionenstadt, drei Fußminuten von der „Irak-Diesel-Engine-Company" entfernt, allerdings in einer Straße ohne Namen. Ein Ausschnitt aus dem Stadtplan mit eingezeichnetem Fadenkreuz wies Ankömmlingen den Weg. Zudem erhielt jeder eine Fotokopie des „Fischer-Masbah-Building" mit dem Ratschlag: „Steckt es euch in die Tasche und zeigt es dem Taxi-Chauffeur!" Am Al Muthanna Airport, der erst 1982 vom Saddam International Airport als internationaler Flughafen abgelöst wurde, kamen wöchentlich Offenburger Spezialisten an und suchten als Erstes den Taxi-Stand auf, an dem der Zielort protokolliert und die Dienstleistung auch direkt bezahlt wurde. Die Fahrtzeit zum Fischer-Haus betrug zwanzig Minuten.

Neben Büros und einem Besprechungszimmer verfügte das Gebäude auch über mehrere Schlafzimmer; bevorzugter Platz zum Nächtigen war aber die große Dachterrasse, auf der mit Matratzen, Liegestühlen und eisernen Bettgestellen improvisiert wurde. Im Sommer steigen die Temperaturen tagsüber auf mehr als vierzig Grad und liegen nachts nie unter 25. Zweihundert Kilometer südlich, in Diwaniyya, herrscht Wüstenklima; das ganze Jahr über fallen hier so gut wie keine Niederschläge. Franz und Anna Dörfer wohnten anfangs im Hotel, bevor sie das Haus eines Lehrers bezogen. Unterkünfte für weitere Mitarbeiter wurden angemietet sowie ein Camp für die Arbeiter errichtet. „Wir hatten zirka vierzig eigene Leute und achtzig von Fremdfirmen vor Ort“, berichtet Dörfer. Jeweils zwei Männer teilten sich einen klimatisierten Raum. „Die Türklinken zu den Zimmern konnte der Esel bald mit der Gosch aufmachen“, grinst Louis Fischer. Die zweihundert arabischen Hilfskräfte wurden morgens in den umliegenden Dörfern entlang des Euphrats eingesammelt und mit Bussen zu der zwei mal zwei Kilometer großen Baustelle gebracht. „Von jeder Familie mussten wir einen Mann einstellen“, verdeutlicht Franz Dörfer die Konditionen der irakischen Gewerkschaft. Schnell stellte er fest, dass „die Leistung für unsere Begriffe ganz unten“ war: „Fünf Mann haben nicht einmal geschafft, was bei uns einer schafft.“ Er beobachtete, dass die Einheimischen in der Vesperpause nur etwas Fladenbrot mit „Grünzeug“ zu sich nahmen und beschloss, einen Mittagstisch mit regionalen Gerichten anzubieten. „Nur wer vernünftig isst, kann auch ordentlich arbeiten“, erklärte er dem Gewerkschaftsabgeordneten und ließ die Männer täglich mit „so einer Art Gulasch mit Reis oder Couscous und guten Gewürzen“ versorgen. „Die Leute haben das anerkannt und die Leistung ist gestiegen“, bilanziert er.

Fotos dokumentieren auf dem Boden hockende Araber, den Kopf mit Tüchern vor der gleißenden Sonne geschützt, die mit bloßen Händen in kleinen Schalen Beton anrühren. „Sie waren sprachbegabt“, erzählt Dörfer. „Und haben schnell schutterwälderisch gesprochen“, ergänzt Fischer. „Chef?“, fragten sie, „wie willsch de Beton? Willsch viel Wasser? Willsch wenig Wasser?“ Sepp Haas, der im April 1976 seinen Dienst in Diwaniyya antrat, weil Louis Fischer immer nachhaltiger eingefordert hatte, „du hilfsch ’m Franz“, erinnert die Unerschrockenheit der Einheimischen: „Sie hatten noch nie auf einer Baustelle gearbeitet und erkannten die Gefahren nicht.“ Doch bald hätten die „Burschen wie in Deutschland“ armiert und betoniert. Anfangs sahen sie für ihn alle gleich aus. Nahm er morgens in seinem Wagen ein halbes Dutzend mit auf die Baustelle, hatten sich bis zum Abend ein bis zwei verdrückt und er wusste nicht wer. Er ließ die Arbeiter fotografieren, registrieren und stellte ihnen Baustellenausweise aus, in denen ihr Name auf Arabisch und „lesbar“ dokumentiert wurde. „Mit der Zeit habe ich mir die Namen gemerkt, Hussein, Mohammed, und es sind Freundschaften entstanden“, erzählt Haas. Besonders gut verstand er sich mit Jaber, der Englisch sprach und ihm arabisch beibrachte: „Wir saßen abends auf einem Teppich vor seiner Hütte im Lehmdorf und haben Tee getrunken“, beschreibt Josef Haas und schmunzelt: „Die Kehllaute sind mir schwergefallen, und in den ersten Monaten wurde ich nur ausgelacht, wenn ich etwas in der fremden Sprache gesagt habe.“ Auch Franz Dörfer berichtet von Einladungen, bei denen zuerst Hausherr und Gast aßen, im Anschluss die Söhne und zuallerletzt die Ehefrauen und Töchter, die er aber nicht zu Gesicht bekam. Auf einer Hochzeit, der er beiwohnte, blieben die Frauen ebenfalls unsichtbar. Die Männer feierten rund um einen großen Kübel, in dem Reis mit einer Schaufel umgerührt wurde. „Wo isch deine Braut?“, fragte er den Bräutigam, „kriegen wir die nicht zu sehen?“ – „Ich sehe sie heute Abend selbst zum ersten Mal“, lautete die Antwort. „Männer mit viel Geld hatten zwei bis drei Ehefrauen“, weiß Dörfer, und Haas erzählt von dem irakischen „Resident Engineer“, dem Verbindungsingenieur in Bagdad, der mit seiner Familie im Al-Mansour-District ein nobles Haus bewohnte: „Er hatte zwei Frauen, die eine war klein und trug ein Kopftuch, die andere schön und europäisch gekleidet.“

Einige der Fischer-Leute hatten ihre Ehefrauen in Diwaniyya dabei, wo sie in Küche, Verwaltung oder im Sanitätsdienst arbeiteten. In einem Bericht an die Offenburger Kollegen schrieb Louis Fischer: „Wichtigste Person der ersten Stunde: unsere Frau Dörfer! Sie präsentierte uns eine Ochsenschwanzsuppe par excellence! Sie gibt sich große Mühe, etwas Abwechslung in den Küchenzettel zu bringen. Da unten ist das nicht so einfach. Man kann nicht geschwind in den Supermarkt nebenan und den Einkaufswagen vollpacken." Importware war teuer, doch die Preise für Grundnahrungsmittel waren staatlich festgesetzt. Obst, Gemüse und Molkereiprodukte auf Trockenmilch-Basis gab es günstig zu kaufen. Für ein Kilo Rindfleisch zahlte man umgerechnet 11 Mark, für eine Cola 30 Pfennige, für 450 Gramm Tee 8 Mark, für 50 Gramm Pulverkaffee allerdings 3,50 Mark. Fischer ließ regelmäßig Wienerle und Bierwurst, in Fässern tiefgekühlt und in Styropor verpackt, per LKW aus dem Schwarzwald anliefern. „Das Zeug kommt an wie frisch vom Metzger", schwärmte die Betriebszeitung im Oktober 1975 und ging ins Detail: „Wie schnell die Fässer abgeladen sind! Nur eine Sendung wird ähnlich schnell gelöscht: Unser wöchentliche Biersendung aus Bagdad. Schönes, helles Bier, inzwischen zu einem Preis, den man in der Ecke gerne bezahlt." Und auch Louis Fischer lobt die Qualität der irakischen Bier- und Schnapsproduktion. Die Versorgung war nicht zu beanstanden. Die Männer vermissten die Tageszeitung, und sie forderten ein Fernsehgerät, einen Videorecorder und Fernsehkassetten: „Dann könnten wir ohne große Verzögerung Nachrichten, Bundesliga und auch mal einen Western vom Sessel aus in Diwaniyya anschauen.“ Am meisten aber fehlten den Männern ihre Frauen und Freundinnen, die sie in der Heimat zurückgelassen hatten. „Um die Moral aufzubessern, schlug Louis vor, Bienen aus Thailand einfliegen zu lassen“, schmunzelt Franz Dörfer, redete dem Chef die unkonventionelle Idee aber aus.

Es war die Hitze, die den Männern extrem zu schaffen machte. „Bei 45 bis 50 Grad in Sand und Dreck explodiert auch mal einer“, verdeutlicht Sepp Haas. In kurzen Hosen trat die erste Schicht früh um fünf ihren Dienst an, vormittags brannten die Fußsohlen, Brillen schützten wenig vor Sandkörnern und „roten Karnickelaugen“, Lenkräder konnten nur mit einer Zeitung bedeckt angefasst werden, und eine Beißzange durfte man nicht versehentlich in der Sonne liegen lassen. „Wir haben bis zu zehn Liter Wasser am Tag getrunken“, erzählt der Oberkircher. Flusswasser wurde mittels Kohlefilter gereinigt, und ein „Eis-Boy“ brachte regelmäßig Eiswürfel aus abgekochtem Wasser zum Kühlen. Nach zwölf Stunden auf der Baustelle stand den wenigsten der Sinn nach Fußball oder anderen sportlichen Aktivitäten. Das klimatisierte Zimmer und Dosenbier, das anfangs auf Paletten aus Deutschland geliefert wurde, waren Höhepunkt des Tages. Dörfer berichtet von Kollegen, die einen Lagerkoller bekommen hätten und abends deprimiert auf dem Bettrand saßen, wenn wieder kein Brief von der Liebsten eingetroffen war. „Manchmal war ich ein halber Psychologe", sagt er.

„Überreizte Nerven sind keine Seltenheit", beobachtete auch Robert Schulz, der im März 1976 in einem Mercedes-Benz 280 von Offenburg nach Diwaniyya aufgebrochen war. Einen Zwischenstopp musste er am Grenzübergang Ibrahim Khalil von der Türkei in den Irak einlegen. Sein Visum war acht Tage zuvor abgelaufen. Nachdem der Zöllner mit seinem Vorgesetzten und der Vorgesetzte mit seinem Vorgesetzten gesprochen hatte, stand fest: Es gibt keine Einreise. Im strömenden Regen plante Schulz für die bevorstehende Nacht den „gewaltsamen Durchbruch". Ein Deutscher, den er vor dem Zolltor kennenlernte, riet ab: Unterwegs würden weitere Passkontrollen folgen. Notgedrungen nächtigte Robert Schulz in dem Stuttgarter Oberklasse-Wagen. Am folgenden Morgen drängte ihn der Zoll-Chef, in die Türkei zurückzukehren. Doch Schulz hatte sich bereits mit dessen Untergebenen angefreundet, so dass diese ihm heimlich Quartier im Zollhäuschen gewährten: „Bei ihnen durfte ich übernachten, mit ihnen essen und jede Menge Tee trinken. Es war ein etwas wehmütiger Abschied für die Leute, als ich endlich rausgeholt wurde", erinnert er.

Die erforderlichen Papiere für eine Reise in den Irak waren ein Reisepass mit gültigem Visum, der Taufschein,

ein polizeiliches Führungszeugnis, fünf Passbilder und bei Ehepaaren die Heiratsurkunde. In Offenburg hatten sich die Irak-Fahrer einer ärztlichen Untersuchung bei Dr. Egon Pelzer unterziehen müssen und Impfungen gegen Pocken, Cholera, Tetanus und Malaria erhalten. Als persönliche Gegenstände für die Einreise waren Fotoapparat, Kofferradio, Plattenspieler, Reiseschreibmaschine, Feldstecher, zweihundert Zigaretten sowie eigenes Arbeitsgerät in einer kleinen Holzkiste oder einem abschließbaren Stahlkasten erlaubt.

Wer frisch aus Deutschland ankam, musste sich zuerst akklimatisieren. „Die sind umgefallen wie die Fliegen", beschreibt Franz Dörfer. Nach 14 Tagen Karenz traten die Männer ihren Dienst an, und schnell zeigte sich, wer den extremen Bedingungen gewachsen war. „Louis", sagte Dörfer zu seinem Chef, „brauchsch mir kei Niete runterschicke! Es bringt mir nix, wenn du einen bringsch, der in d' Hose macht." Das Leben auf der Baustelle war hart, gearbeitet wurde in Schichten rund um die Uhr, und das an sechs Tagen. Der Freitag, für Muslime der wöchentliche Feiertag, war frei. Dann gab es ein Lunch-Paket und die Männer fuhren an den Razzaza-See. Robert Schulz berichtete den Offenburger Kollegen im Juni 1976 von dem neu entdeckten Freizeitvergnügen, nachdem ein Schlauchboot mit Außenborder sowie eine Luftschraube und ein VW-Motor für ein Eigenbauboot aus Deutschland eingetroffen waren: „Am Donnerstag nach der Arbeit war es so weit.

Verladen von unserem Schlauchboot auf einen Lkw. Brennholz und Grill dabei. Abfahrt 20 Uhr, Ankunft am See 22 Uhr. Lagerfeuer mit Soldaten, die dort Wache stehen. Um 23.30 Uhr Jungfernfahrt mit Bootstaufe bis 1 Uhr. Dann Nachtruhe am Lagerfeuer bis 7 Uhr. Nach Frühstück Start mit Motorboot bis 11 Uhr. Um 11.30 Uhr Ankunft der anderen Kollegen mit Luftschraubenboot. Großer Menschenauflauf am Strand. Jungfernfahrt des Luftschraubenboots ebenfalls ein Erfolg. Selbst Polizei und Militär waren bei den interessierten Beobachtern. Wasserskilauf durch uns wurde wahrscheinlich von den Hunderten von Irakern zum ersten Mal gesehen. Koch grillte auf unserem neuen Bonanza-Grill. Am Abend Heimfahrt." Und Schulz äußerte sich zuversichtlich: „Am kommenden Freitag möchten wir die nächste Fahrt starten. Die Kurzweil, die solch ein Tag bietet, hat hoffentlich nun auch die letzten Freizeitmuffel überzeugt."

Andere Ausflüge führten an Euphrat, Tigris oder in die Sümpfe. Im engen Schilf bauten sich Wildschweine ihre schwimmenden Nester und lebten Abertausende von Enten, auf die Jagd gemacht wurde. Sepp Haas bereiste in seiner freien Zeit das ganze Land und schwärmt noch heute von den Baukunstwerken. „Louis Fischer verstand es, seine Mitarbeiter bei der Stange zu halten", weiß Dörfer. Für sie sei er „ein halber Herrgott" gewesen und sie standen voll hinter ihm. „Hätte er gesagt, du laufsch jetzt in des Loch, wären sie gegangen", ist der Baustellenleiter überzeugt. Geld spielte dabei natürlich auch eine Rolle: „Im Irak haben wir das Doppelte verdient und dazu noch steuerfrei“, erläutert Dörfer. Den Lohn mussten die Arbeiter nicht antasten; die Dinare, in denen die Überstunden ausbezahlt wurden, waren völlig ausreichend zum Leben.

Und auch mit der irakischen Bürokratie wusste Fischer umzugehen. „Was ich für Geld nicht bekomme, bekomme ich für viel Geld“, zitiert Sepp Haas einen Leitspruch seines Chefs. Louis Fischer erkannte sofort, dass Bakschisch das Losungswort für Geschäfte im Irak war und zitiert noch heute wie aus der Pistole geschossen die drei wesentlichen Fragen arabischer Beamter: „What's about business? What's about shopping? What's about sex?“ Monatlich schickte er tausend „Burda Moden“-Hefte und Zigaretten zur Bestechung kleiner Beamter in den Irak. Und Dörfer bestätigt: „Diese Schmiermittel wirkten Wunder! Hast du nichts gegeben, konnten Rechnungen wochenlang auf einer Poststelle liegenbleiben.“ Ersatzteile? Gab's für Bakschisch. Eine Brücke, die nur für zwanzig Tonnen zugelassen war, musste mit einer 25-Tonnen-Ladung überquert werden? Bakschisch. „Ich habe immer 20-Dollar-Noten in meinen Pass gelegt, wenn ein Polizist mich angehalten hat“, gibt Dörfer zu. Mehr Einfallsreichtum musste er beweisen, als Lastwagen indischer, jugoslawischer und auch der Firma Fischer tagelang vor einem Zementwerk auf ihre Zuteilung warten mussten. Ölfirmen und Militär wurden bevorzugt behandelt. „Wie komme ich da ran?“, sinnierte

Dörfer und blätterte, für den Chef des Werks gut sichtbar, in einem „Quelle“-Katalog. Der neugierige Beamte erkundigte sich und Dörfer ließ ihn aus dem Einkaufs-Bilderbuch wählen: ein Kettcar für den Sohn, Stiefel für die Frau, einen Rasierapparat ... „Das hat funktioniert“, freut sich der gebürtige Gengenbacher noch heute.

In Deutschland betreute Louis Fischer die achtzig irakischen Trainees, die zur Fortbildung dreimonatige Ausbildungsprogramme absolvierten. „Sie lernten Klima-, Kläranlagen oder Elektrozentralen zu bedienen“, erläutert er. Mit jeweils acht bis zehn Mann fuhr er nach Baden-Baden zum Essen ins Kurhaus: „Ich habe mich geschämt wie ein Bettseicher“, gesteht er, „die hatten keine Esskultur.“ Danach ging's in den „Puff“, wo Fischer dem Mann am Tresen seine Konditionen diktierte: „Für jeden, der nach oben geht, machsch ä Strichle und für jedes Strichle gibt's hundert Mark.“

Im Irak erhielt allerdings auch Louis Fischer seine Lehrstunde. Nach zwei Baustellenvisiten mit Franz Dörfer und Ingenieur Klaus Bährle beschlossen die Herren einen Besuch im Souk. Doch kaum flanierten sie durch die engen Altstadtgassen, wurden sie von Polizisten gestoppt, auf die Ladefläche eines Transporters verfrachtet und ins Gefängnis gesteckt. „Hier bedeckt ein Mann seine Beine“, wurden die Deutschen belehrt, die ob der Hitze in kurzen Hosen unterwegs waren.

Im Januar 1977 verantwortete die Louis Fischer KG drei Baustellen im Irak. Neben Diwaniyya wurde in Baquba, siebzig Kilometer nördlich von Bagdad, eine Berufsschule für Elektro-Berufe errichtet. Der 30-Millionen-Auftrag umfasste drei Wohnheime für je zweihundert Studenten, sieben Werkstätten, ausgestattet mit modernsten Maschinen und Geräten, ein Schulgebäude für den theoretischen Unterricht, ein Verwaltungsgebäude, Kantine, Unterkünfte für die Lehrkräfte sowie eine Energiezentrale. Terminfrist für die Hauptanlage war der 17. Juli 1977, der Tag der Revolution. Am 17. Juli 1968 hatte die Baath-Partei nach einem zweiten Putsch die Macht erobert. „Der Auftrag kam früher als uns lieb war", sagt Fischer und musste unter Zeitdruck entscheidende Gewerke an Subunternehmer vergeben. Gleiches galt für ein Trainingszentrum für mechanische Berufe in Nasiriya, unweit der berühmten Königsgräber von Ur. „In letzter Minute schickten wir bewährte Kollegen aus Offenburg an die Front", erzählt Louis Fischer. Sie mussten sich gegen Sandstürme, Bürokratie und Organisationsmängel behaupten.

Die Termine wurden eingehalten. Jetzt hatten die Iraker ein Problem. Sie besaßen in Diwaniyya eine der modernsten Textilfabriken für 2.500 Arbeiter, aber nur achtzig Fachkräfte standen zur Verfügung. Die Presse forderte das irakische Innenministerium auf, männliche und weibliche Arbeitskräfte auszubilden, damit die Produktion Fahrt aufnehmen konnte. „Diese Fabrik hilft uns zu einer besseren Entwicklung unserer Wirtschaftskapazität", endete der Artikel.

Für den Offenburger Bauunternehmer ging die Rechnung auf, und in einem Schreiben an die Landeskreditbank versicherte er: „Auslandsaufträge wirken als Motor der deutschen Wirtschaft und haben in der Folge wesentlichen Einfluss auf Konjunktur und Arbeitsmarkt." Trotz vieler Widerstände sind sich Louis und seine Mannen einig: „Der Irak war ein schönes Land." Sepp Haas schwärmt von Sonnenauf- und -untergängen, Franz Dörfer von Moscheen, Märkten und Wasserbüffeln. Louis Fischer machte bei jeder Reise Halt in Babylon, neunzig Kilometer südlich von Bagdad, das er als „den größten Backsteinhaufen der Welt" in Erinnerung hat. Unwegsamkeiten wie einmal die Woche mit dem VW-Käfer von Diwaniyya in die zweihundert Kilometer entfernte Hauptstadt zu fahren, um auf dem Telefonamt zu stöpseln, sind vergessen; ebenso die Tatsache, dass im Camp geklaut wurde und die einheimischen Diebe in den Knast wanderten, auf Einspruch Dörfers aber wieder freigelassen wurden. „Lasst sie bitte laufen!", hatte er die Behörden gebeten und erklärt: „Wir sind manchmal auch keine Heiligen." Sein Vorschlag, auch ihn einzusperren, hatte die Beamten derart verblüfft, dass sie die Zellentür öffneten. Von da an war Franz Dörfer der „King" in Diwaniyya. „Fischer Company, very good!", hieß es. Und als Werner Rais, der täglich seine sechshundert Kilometer lange Kiestour absolvierte, Schulkinder am

Straßenrand aufsammelte und zum Unterricht fuhr, waren noch mehr Herzen gewonnen. „Die Leute waren zufrieden, auch ohne Fernseher und Kühlschrank", sind sich die Wüstenfahrer einig. Fischers Freund Emil Höfler aus Offenburg, der 1977 das Land besuchte, schrieb zu den eindrucksvollen Schwarz-Weiß-Fotos in seinem „Portrait einer Reise": „Wer den Irak kennenlernen möchte und seine Menschen, der muss Zeit haben. Dieses Land mag keine Hast. Wer sich von der Ruhe einfangen lässt, findet schnell Zugang zur Bevölkerung. Es bedarf keiner Worte. Eine höfliche Geste öffnet Pforten. Man sitzt beisammen und trinkt Chai Tee. Das Land atmet Gastfreundschaft und symbolisiert sie in tausend kleinen Zeichen."

Doch mit dem Frieden war es bald vorbei. Nachdem Saddam Hussein 1979 an die Macht gelangt war und den darauf folgenden monatelangen Auseinandersetzungen mit dem Iran, befahl der Staatspräsident der irakischen Armee im September 1980, das Nachbarland anzugreifen. Nach anfänglichen Erfolgen musste sich das irakische Militär ab 1982 immer weiter zurückziehen und schließlich ab 1984 den Krieg im eigenen Land führen. 2011 schrieb Diwaniyya grausame Schlagzeilen: Westlich der Stadt war ein Massengrab mit 220 Leichen geborgen worden, vermutlich Kurden, die 1987 von Anhängern Husseins getötet worden waren. Bei Beginn des ersten Golfkriegs war Franz Dörfer bereits in Algerien, wo er den Bau einer Besteckfabrik leitete. Hier hatten die Franzosen ihre Spuren hinterlassen und alles, so sagt er, sei schon „viel zivilisierter als im Irak" gewesen. Die Baustelle lag im Gebirge, nur wenige Kilometer vom Meer entfernt, so dass man im Winter an freien Tagen morgens Ski fahren und nachmittags schwimmen konnte. Im Sommer 1985 kam er nach Deutschland zurück. „Das Einleben hier war so schwierig wie damals unten", erzählt er, denn: „Nach zwei Johr warsch ä Araber." Dörfer hatte die Improvisation zu schätzen gelernt und musste feststellen: „Die deutsche Korrektheit kann dir auch auf den Wecker gehen." Doch sein Chef ließ ihm Zeit: „Du kommsch erscht im Januar wieder in die Firma!" Und Franz Dörfer spricht noch heute anerkennend: „Der Lohn lief weiter. Das war mehr als großzügig!"

Josef Haas ging im Mai 1980 nach Bagdad, wo Fischer Bau im Auftrag des „Ministry of Culture and Information" eine Druckerei errichtete. Die Stadt war im Umbruch. Überall mussten Häuser mehrspurigen Straßen weichen. „Nichts war fertig, überall lagen Dreckhaufen, ein Loch in der Brücke über den Tigris wurde mit einer alten Autotür notdürftig geflickt", beschreibt er. Wenn Konvois mit militärischen Fahrzeugen die Baustelle passierten, mussten die Männer ihre Arbeit niederlegen und mit Fähnchen winken. Bei Fliegeralarm wurde weitergearbeitet: „Wir hatten uns daran gewöhnt." Rückblickend sagt er: „Ob du auf einer Baustelle in Berlin arbeitest oder in Bagdad – das ist egal!" Wichtigste Voraussetzung sei ein gut funktionierendes Firmensystem, und das habe Fischer immer garantiert.

Ewald Wolf, Jahrgang 1936, erinnert sich genau an den ersten Fliegeralarm in Bagdad am 2. September 1980. Abends zuvor war er mit seiner damals zehnjährigen Tochter Claudia in ein Hotel gegangen, dessen Manager er kannte und der ein Telefon besaß, das Wolf für Anrufe nach Deutschland nutzen durfte. Auf dem Heimweg wunderte er sich, dass alle Autos ohne Scheinwerfer fuhren und die Millionenstadt gespenstisch dunkel war. Der Fliegeralarm um sechs Uhr in der Früh kam überraschend: „Wir wussten nichts von dem Konflikt mit Khomeini." Ewald Wolf setzte sich in sein Auto und fuhr zur Druckerei-Baustelle. „Alle zehn Minuten ging der Alarm wieder los", erzählt er und: „Militärs am Straßenrand befahlen uns anzuhalten, auszusteigen und auf den Boden zu legen. So ging das von da an jeden Tag." Schleunigst wurden auf der Baustelle Luftschutzbunker aus Fertigteilen errichtet. Dennoch wurden die mitgereisten Frauen und Kinder vor Weihnachten aufgefordert, das Land zu verlassen. „Zwanzig Stunden waren wir mit dem Bus nach Amman in Jordanien unterwegs, von wo aus wir in die Heimat flogen", erzählt Ilse Wolf. Zwei Monate später kehrte sie mit Tochter Claudia in den Irak zurück – zu Sohn Uwe, der bereits 19 Jahre alt war und ebenfalls für Louis Fischer arbeitete, und ihrem Mann Ewald. Für ihn stand es nie zur Debatte, seinen Job in Bagdad zu quittieren: „Ich hatte keine Angst", sagt er, auch wenn er regelmäßig „Feuer in der Luft" und Fliegerabschüsse beobachtete. Louis Fischer flog zur Krisensitzung mit seinen Leuten ein und stellte ihnen frei, nach Deutschland zurückzukehren. Für alle, die blieben, lobte er eine Gefahrenzulage aus. „Diese Sonderprämie hatten die Iraker angeboten, denn laut Vertrag hätten wir sofort abbrechen können“, erläutert er. „Es gingen nur wenige“, berichtet Wolf und gibt zu bedenken: „Wenn alle gegangen wären, hätte es in Bagdad keine Firma Fischer mehr gegeben.“ Unter Wolfs Leitung wurde das Projekt zu Ende geführt. Er und seine Männer arbeiteten viel und hart, oft auch nachts: „Wir haben im Schein von Taschenlampen betoniert.“ Ilse Wolf, die in der Kantine von morgens sechs bis abends sechs arbeitete, brachte nachts um elf noch Lunch-Pakete auf die Baustelle. Trotz des hohen Einsatzes und wenig Schlaf sagt sie rückblickend: „Der Irak war unsere schönste Zeit! Wir wohnten in einer tollen Privatvilla neben der deutschen Schule, aßen in den besten Hotels und besuchten die teuersten Bars.“

16 Jahre lang hatte ihr Mann für eine Firma in Rust gearbeitet, als er 1975 Louis Fischer kennenlernte und sofort von ihm begeistert war: „Ich hatte Vertrauen“, erzählt Wolf, „über Geld haben wir gar nicht geredet.“ Seinen Entschluss, in den Irak zu gehen, trug die Ehefrau, die mit vier Kindern in der Heimat zurückblieb, gelassen: „Er wird’s schon richtig machen“, sei ihr Gedanke gewesen. Nach seiner Rückkehr 1978 leitete Ewald Wolf ein Jahr lang den Bau von Bungalows in Wuppertal, wo eines Morgens sein Chef mit dem Taxi an der Baustelle vorfuhr: „Herr Wolf, würden Sie in Bagdad einen 100-Millionen-Auftrag übernehmen?

Morgen früh um 10 Uhr ist Besprechung in Offenburg." Am 1. April 1980 trat Wolf seinen Dienst an; und diesmal war Ehefrau Ilse in Bagdad dabei. Tochter Claudia besuchte die deutsche Schule, und um dem Mädchen eine Freizeitbeschäftigung zu bieten, kaufte ihr Wolf einen weißen Araberhengst namens Hippie, den die ungarische Botschafterin für 70 Dinare veräußerte. „Das waren 560 Mark inklusive Halfter und Sattel", erläutert er. Wolf erwarb ein zweites Pferd, und Vater und Tochter frönten gemeinsam der Reitleidenschaft. Als der Stall, in dem die Tiere untergestellt waren, aufgelöst wurde, erhielt er das Angebot, Mitglied im vornehmen Reitclub Saddam Husseins zu werden. „Dort hatte jedes Pferd einen eigenen Diener", schmunzelt er. Er lernte die Kinder des Machthabers kennen und war verblüfft, als er den zehnjährigen Sohn am Steuer eines 600er Mercedes beobachtete: „Der hat kaum über das Lenkrad geschaut."

Husseins Söhne waren Claudias Reitkameraden, mit dem Bruder des Machthabers unternahmen sie Ausritte in die Wüste. Und er war es auch, der Wolf 1983 ein besonderes Abschiedsgeschenk machte: drei arabische Hengste. Mit diesen und einem eigenen Pferd ritten Claudia und Ewald Wolf durch die Türkei bis nach Griechenland, wo sie an der Grenze abgewiesen wurden, umkehrten und über Bulgarien Österreich passieren wollten. Ein fehlendes Attest für die Tiere verhinderte die Weiterreise. Die Pferde wurden im Niemandsland festgehalten und sollten getötet werden. Doch die internationale Presse, die über die abenteuerliche Tour regelmäßig berichtete, löste einen Aufschrei von Tierschutzorganisationen aus und Wolf durfte mit den Pferden nach Jugoslawien reiten. Blutproben wurden entnommen, die er persönlich zu einem Institut nach Paris brachte, das die Gesundheit der Hengste bestätigte. Nach vier Monaten Ritt und drei weiteren Monaten Quarantäne kamen Vater und Tochter mit den Arabern in Rust an.

In den Jahren 1974 bis 1983 hat die Fischer Bau zwölf Auslandsaufträge in vier Ländern durchgeführt. Gebaut wurden im Irak drei Textilfabriken, Berufsschulen für Elektrotechnik, Schlosser- und Maschinentechnik, eine Gießerei, eine Druckerei und eine Werkzeugfabrik, in Algerien eine Besteckfabrik sowie Trafo-Stationen für Siemens; im Iran übernahm Fischer die Rohbauarbeiten für eine Textilfabrik sowie die Planung und Bauleitung für eine Wohnsiedlung, in Saudi-Arabien die Bauberatung des lokalen Generalunternehmers für den Bau von acht Schulen sowie das Consulting und die technische Bauleitung für eine Zementfabrik. Von dem gesamten Auftragsvolumen in Höhe von 600.000.000 Deutsche Mark profitierten deutsche, vor allem mittelständische Subunternehmer zu einem Drittel, weitere 50.000.000 Mark wurden an westeuropäische Subunternehmer bezahlt. Ingenieurbüros in der Bundesrepublik verdienten an den Aufträgen 8.000.000 Mark, in übrigen europäischen Ländern 12.000.000 Mark.

Mehr als fünfzig deutsche Firmen lieferten Material und Ausrüstung in Höhe von 36.500.000 Mark. Als weitere Investitionen wurden 1982 in einer Dokumentation zur Vorlage bei der Landeskreditbank Stuttgart Lohnkosten für Auslandslöhne genannt: 32.000.000 Mark, Reisekosten: knapp 10 Millionen, Logis: 1,5 Millionen, Ausbildung von Fachpersonal: 1 Million, Maschinen, Geräte und Ersatzteile: 18 Millionen sowie Transportkosten: 11,3 Millionen. Dazu hieß es: „Jede Schraube, jeder Nagel muss per Schiff, LKW oder Flugzeug in das jeweilige Land gebracht werden. Insgesamt führte allein unser Unternehmen bisher 612 LKW-Transporte durch."

Rückblickend erklärt Louis Fischer den Erfolg im Nahen Osten damit, dass er stets unkonventionell gearbeitet habe. „Ich hab' dem Dörfer Franz manchmal ein paar tausend Mark in d'Hand gedrückt und hab' g'sagt, du musch gucke, dass der Lade läuft!" Mussten Bauleiter anderer Firmen langwierige Anträge für Geräte und Material in die Heimat schicken, galt für die Fischer-Leute der kleine Dienstweg. „Wenn die g'sagt hän, sie brauche ä Betonmischer, isch er zwei Woche später unde g'schtande, au wenn er 300.000 Mark koscht het", verdeutlicht der Bauunternehmer. „Der Fischer Louis war ein Macher", sagt Pensionär Haas, „er hatte einen Riecher für Geschäfte und konnte jede Quelle anzapfen. Er war risikobereit, hat viel gewagt und immer gewonnen." Und dann zitiert er seinen ehemaligen Chef: „Immer die Finger im richtigen Loch!"

Und immer eine Lumperei auf Lager. So erinnert Fischer eine Einladung der Landeskreditbank zu einem Treffen für Mittelständler. Der Offenburger sollte den letzten einer stattlichen Anzahl von Vorträgen halten, und nachdem sich seine Vorredner ausgiebigst mit Zahlen befasst hatten, packte er seine „Koffer-Geschichte“ aus: Am irakischen Zoll, so berichtete er, hätten die Zöllner den Inhalt von Koffern abgesegnet, indem sie das Gepäckstück mit verschiedenfarbigen Kreiden kennzeichneten. „Mit diesen Haken konntest du auch die letzte Sperre vom arabischen Zoll passieren“, erläuterte er. Und so verwundert es nicht, dass Louis Fischer bereits bei seiner zweiten Irak-Reise ein buntes Kreide-Set mit sich führte. „Ja aber, Herr Fischer!“, meldete sich ein Zuhörer zu Wort, „das kann doch mit Gefängnis bestraft werden! Und in Bagdad ist das lebensgefährlich!“ Der Bauunternehmer schmunzelte: „Jetzt erzähle ich Ihnen alles! Ich habe meinen Koffer nie selber getragen!“ Das Auditorium, ermüdet von der Vielzahl der Vorträge, war auf einmal hellwach. „Alle haben begeistert und aufmerksam zugehört“, freut er sich noch immer wie ein Lausbub.

Straßenszene im Irak, fotografiert von Fischers Freund Emil Höfler im Jahr 1977.

Mitte der 1970er: Louis Fischer mit Kindern aus dem Dorf neben der Großbaustelle in Diwaniyya.

„Mörtelmaschinen" im Irak: Mit der rechten Hand wurde verputzt, die linke fing auf, was herunter bröselte (oben). In alten Radkappen wurde der Mörtel angemacht (unten).

Franz Dörfer mit Esel „Louis“ auf der Baustelle in Diwaniyya.

Homo LUDI

Louis Fischers jungenhafte Streiche sind sein persönliches Markenzeichen, auf das er stolz ist. Fast scheint es, als würde er das Leben mit all seinen Herausforderungen und auch schwierigen Situationen als Spiel begreifen. Ob in der Skatrunde oder am Verhandlungstisch – Louis hat immer noch ein Ass im Ärmel. Und genau das werten Philosophen als Stärke: „Wem es gelingt, spielerisch durchs Leben zu gehen, ist der Lebenskunst ein beträchtliches Stück näher", befindet Wilhelm Schmid und vertritt die Ansicht, dass Spiel und Leben viel gemeinsam hätten: „Leidenschaft, gepaart mit kühlem Verstand, diese Eigenschaften zeichnen einen guten Spieler aus – aber sie bringen einen Menschen auch gut durchs reale Leben." So verwundert es überhaupt nicht, dass der spielende Mensch im Fachbegriff „Homo ludens" heißt; „Ludi" wurde Fischer auf dem Faustballfeld von Senator Burda gerufen. Der Homo ludens entdeckt im Spiel seine individuellen Eigenschaften und wird über die dabei gemachten Erfahrungen zu der in ihm angelegten Persönlichkeit. Spielen wird dabei mit Handlungsfreiheit gleichgesetzt. Es setzt eigenes Denken voraus. Das Modell besagt: Der Mensch braucht das Spiel als elementare Form der Sinn-Findung. Ob Karten- oder Sportspiel – „Homo LUDI" Louis Fischer hat kaum etwas ausgelassen: Fußball, Tennis, Skifahren, Segeln, Fliegen, Bergsteigen. „Von all diesen Sportarten war das Skifahren mein Lieblingssport", sagt er und begründet: „Es war nicht der Sport allein, sondern auch die Schönheit der Natur, die mich begeisterte." Hat er deshalb diesen Rückzugsort in den Bergen gewählt, wo er die idyllische Landschaft des Vierwaldstätter Sees von oben betrachten kann? Doch sein Blick geht nicht nur in die Ferne, sondern auch verschmitzt zurück: „Mir eilte stets der schlechte Ruf voraus, beim Spiel gerne zu bescheißen", versichert er und hat dank seines guten Gedächtnisses noch viele Anekdoten parat.

Das erste Spiel, das er mit Leidenschaft und über viele Jahrzehnte praktizierte, war Fußball. Als Bub bolzte er mit den Kindern aus dem „Bau", wie die Arbeiterwohnungen der Spinn- und Weberei genannt wurden, auf der Kronenwiese und ahnte nicht, dass er einmal Erster Vorsitzender des Offenburger FV sein und sich in einem Steuerstrafverfahren vor dem Kadi verteidigen würde. Bis die Nazis an die Macht kamen und ihn als „Halbjuden" ausgrenzten, verlebte Ludwig unbeschwerte Jahre. Vor dem Bürofenster vom Huber Franz, der in Ruhe seine Artikel verfassen wollte, zeichneten die Kinder mit Kreide ein Feld, um „Schnürles" zu spielen, eine dem Fußballtennis ähnliche Sportart, deren Name auf das Pforzheimer Fußballidol der 1920er Jahre, Fritz Schnürle, zurückgeht. Das laute Aufprallen des Balls und Gejohle der Jungen wurde nur übertroffen von den Schimpfkaskaden des genervten Druckereibesitzers.

Fischer senior steckte Ludwig in die Jugendmannschaft

des Offenburger Fußballvereins 1907, der von Juni 1946 bis Mai 1950 als Einheitssportverein unter „Offenburger Sport-Vereinigung“ firmierte. Mit ihr holte er den Titel „Südbadischer Jugendmeister“, bevor er in der Zonenliga an der Seite des legendären Ernst Willimowski kickte, den Fritz Walter einmal als „den größten Torjäger aller Zeiten“ bezeichnete. Seine eigenen Leistungen betrachtet Louis Fischer kritisch: „Ich war sicher kein guter Spieler, aber ich war eine harte Wildsau und musste als linker Verteidiger den Stürmern helfen. Die Stürmer gaben mir den Auftrag, dem Gegner das Fürchten zu lehren. Kommando: Louis, schmier dem mal eine! Das wurde dann sofort erledigt. Ich war sicher einer der Härtesten und konditionell Stärksten!“ Mit Studienbeginn wechselte Fischer 1949 zur DJK (Deutsche Jugendkraft Karlsruhe-Ost 1921 e.V.) und genoss vor allem die Kameradschaft: „Unsere Feste nach den Spielen waren grandios“, schmunzelt er und erinnert als sportliche Herausforderung jener Zeit: „Jeder Mitspieler musste einen Drei-Liter-Humpen ohne abzusetzen leer trinken.“ Ein Kapselriss im Fußgelenk beendete die aktive Fußballkarriere: „Ich war etwa vierzig Jahre und einfach zu alt und zu langsam geworden.“ Ein Leben ohne Sport war für den agilen Unternehmer allerdings unvorstellbar: „Es gab genügend andere Sportarten, an denen ich Spaß hatte“, sagt Louis Fischer.

Bereits 1964 hatte er sich zum Ersten Vorsitzenden des Skiclubs Offenburg wählen lassen. Seinen Einstand feierte er im Burgerhof und eine Rechnung belegt, wie „symbadisch“ die Preise damals waren: Für 51 Essen à 2 DM, diverse Getränke und 10 Prozent für die Bedienung bezahlte Fischer 132,20 Mark. „Den Vorstandsposten habe ich 1970 an Franz Burda übergeben“, erinnert er und erzählt von seinen Anfängen als Wintersportler nach dem Krieg: Mit ein „paar jungen Kerlen“ fuhr Louis wochenends mit der Schwarzwaldbahn nach Triberg, die Bretter auf dem Buckel, marschierten sie die Wasserfälle hinauf bis nach Schönwald und fuhren den Adler-Hang ab. „Die Ski hatten wir uns beim Grimme Olli besorgt“, so Fischer. Franz Otto Grimm, genannt Olli, hatte 1934 mit seiner Schwester in Offenburg eine „Werkstatt für Skiwachsen und -montieren“ eröffnet und verkaufte Sportkleidung. Hier deckten sich alle Familien von Stand ein, um dem winterlichen Freizeitvergnügen zu frönen. Bereits 1909 hatte sich ein „Schneeschuhläufer Verein“ gegründet und als Ortsgruppe dem Skiclub Schwarzwald-Freiburg angeschlossen.

Louis Fischer junior trat jedes Jahr bei den Clubmeisterschaften am Feldberg an, ebenso wie der junge Hubert Burda, Jahrgang 1940. „Gerade letzte Nacht habe ich an den Louis gedacht“, sagt er in einem Telefonat im Februar 2019 und würdigt dessen „extrem hohe soziale Intelligenz“, Humor und die Tatsache, dass er das „Herz am rechten Fleck“ trägt. Er erinnert ein Rennen Ende der 60er in der Seebuck-Mulde, in der ein Riesenslalom-Kurs abgesteckt war. „Ich war mit dem Kruger Karl dort, im Hause Burda

Mädchen für alles, ein Fasnachtsnarr, großer Playboy und hinter jedem Rock um die dreißig her, und er war mein engster Ski-Buddy. Natürlich fuhr ich in einer anderen Klasse als Louis, aber der Franzl, mein älterer Bruder, und er waren Rivalen. Wir beobachteten den Lauf und sahen, dass der Louis drei Tore vor dem Ziel stoppte und sich in den Schnee legte. Dem Franzl rief er zu: Wenn ich de Uftrag krieg, blieb ich liege!"

Auch die Männerbädler, mit denen Ludwig Fischer Faustball spielte, entdeckten eine Wintersportdisziplin für sich: das Eisstockschießen. Ab 1955 brachte sie auf Einladung von Senator Franz Burda alljährlich ein Bus nach Garmisch-Partenkirchen, um sich auf der Eisstockbahn des Eckbauern zu messen. Mehr als die Eisstöcke interessierten den Mittzwanziger Fischer allerdings die Pisten im Zugspitzgebiet und er engagierte umgehend einen Skilehrer. Der Alpinsport hatte ihn gepackt. Mit Rolf Endlich und Otto Moppert stieg er ab Mitte der 60er in Burdas Luxushotel „Alpina" in Garmisch ab, mit Franz Burda junior, Dieter Pröttel und Erich „Johnny" Müller ging's nach St. Moritz oder St. Anton. Elfriede, Erichs Schwester und später verheiratete Oberleitner, schwärmte von Zermatt: „Do musch ämol hingehe!"

Das Walliser Bergdorf mit seinen von der Sonne schwarz gefärbten Häusern aus Lärchenholz eroberte Louis' Herz: „Die Natur, das Matterhorn und der alte Ortskern sind einzigartig!“ Der autofreie Ort ist nur via Bahn, Taxi oder Helikopter zu erreichen. „Damals gab es nur Pferdekutschen und es roch immer ein bisschen nach Dung“, schwärmt Fischer. Bereits an seinem ersten Tag in Zermatt lernte er Simon „Simi“ Biner kennen, der Mitglied der Schweizer Skinationalmannschaft gewesen und als Skilehrer aktiv war. Mit seiner Frau Renate hatte er 1967 das Bergrestaurant „Simi“ auf Furi eröffnet. „Er ist sofort sämtliche Pisten mit mir gefahren“, erzählt Fischer, den mit Simi bis zu dessen Tod 1995 eine enge Männerfreundschaft verband. „Im Frühjahr, wenn die Tage länger wurden, sind wir auf der italienischen Seite nach Breuil-Cervinia runter.“ Der Skilehrer war es auch, der ihn 1975 auf eine Immobilie in Zermatt aufmerksam machte, die deren Besitzer aufgrund finanzieller Schwierigkeiten schnell veräußern wollte. Die Stunde war günstig. Für Baustellen im Irak hatte Fischer Dach- und Wandbleche von „Alusuisse“ (Aluminium Industrie Aktiengesellschaft, AIAG gekauft und für den „7- bis 8-Millionen-Auftrag“ eine zehnprozentige Gebühr ausgehandelt, die auf sein USB-Konto in Zermatt überwiesen werden sollte. „Das war mein erstes Schmiergeld“, freut er sich noch heute über den Coup. Als Simi ihm zuredete, „Louis, die Wohnung kaufsch!“, konnte er die geforderten 280.000 Schweizer Franken cash bezahlen. „Heute gehört sie meinem Sohn Matthias“, so Fischer.

Bereits in jungen Jahren kamen Matthias und Lucki regelmäßig nach Zermatt. Ansprechpartnerin für alles,

Schlüsselverwalterin der Wohnung und Vertraute der Familie war Regina „Gigi“ Biner. Die gebürtige Engelbergerin hatte auf dem Bürgenstock Robert „Roby“ Biner aus Zermatt kennengelernt, ihn 1972 geheiratet und war ihm in seinen Heimatort gefolgt. „Gigi war eine ausgezeichnete Skilehrerin, sehr attraktiv und erinnerte an eine Indianerbraut“, erzählt Louis. Und Matthias fügt hinzu: „Sie sah nicht nur bombig aus, sondern war auch sehr gebildet, sprach sechs oder sieben Sprachen und hatte ein loses Mundwerk.“ Als gute Geschichtenerzählerin schmückte Gigi ihre Stories gerne fantasievoll aus, doch sie waren so unterhaltsam, dass niemand den Wahrheitsgehalt hinterfragte. Besonders beliebt war die Anekdote von der „Champagner-Lilly“, mit der Louis Fischer in einem noblen Hotel in Zermatt abgestiegen war. Der Gastraum war gefüllt mit honorigen und betuchten Menschen, als Lilly die Bühne betrat – im Netzkleid, nichts darunter. Louis, sonst nie verlegen, schickte die Dame aufs Zimmer zurück. Für weniger Gelächter sorgte eine andere Begebenheit, die Gigi Biner aber trocken und mit dem ihr eigenen Humor erzählte: Ein reicher Zeitgenosse hatte bestimmt, dass seine Asche nach seinem Ableben über dem Matterhorn verstreut werden sollte. Gigi begleitete ihn auf seinem letzten Flug in einem Helikopter. Doch just in dem Augenblick, als die Tür geöffnet wurde, kam ein Windstoß und blies die Asche aus der geöffneten Urne in den Hubschrauber. Wieder am Boden, bemühte der Pilot den Staubsauger. „Statt auf dem Matterhorn endete er in einem Müllbeutel“, beendete Gigi stets bedeutungsschwer diese Ausführung. „Das war Gigi, wie sie leibt und lebt“, schmunzelt Matthias Fischer und erzählt weiter aus dem Nähkästchen: Neben Louis war Gigi auch gut mit Fee befreundet, zu deren Beerdigung sie 2012 nach Offenburg kam, bevor sie wenige Wochen später selbst die Augen schloss. Beide Frauen reisten gerne und einmal verbrachten sie mit einer Offenburger Freundin von Fee einige Tage auf Mallorca. „Was heißt wunderbar auf Spanisch?“, wollte die Freundin von der sprachbegabten Schweizerin wissen. Und Gigi antwortete wie aus der Pistole geschossen: „Culo!“ Das Essen mundete fantastisch, und der Gast aus Deutschland bedankte sich überschwänglich beim Oberkellner: „Culo! Culo!“ Der verdutzte Mallorquiner konnte es kaum fassen, als „Arsch“ bezeichnet zu werden, Gigi amüsierte sich königlich.

Bis zur Trennung von Fee war Zermatt Louis Fischers zweite Heimat. „Mit meinem Schätzle Gerlinde bin ich dann wieder nach St. Anton“, erzählt er. Doch die Walliser Jahre sind für viele unvergessen. Auch der Offenburger Andreas Friederichs, Jahrgang 1963, weiß noch, wie sehr ihn als Zwanzigjährigen die unkonventionelle Art des Bauunternehmers beeindruckte. Ab Anfang der 80er kam er regelmäßig mit seinem Freund Patric Kist nach Zermatt, dessen Eltern eine Wohnung in der Villa Felix besaßen. Die jungen Offenburger kannten Louis vom Tennisplatz des TCO, Fahrten mit dem Skiclub Offenburg und Patrics Vater Rudi war ein Kegelbruder Fischers. Selbstverständlich lud der Geschäftsmann die „Buben" zu Käseschnitten, Rösti, Bier und Fendant in Simis Bergrestaurant ein. „Einmal gab's sogar Champagner, aber den hat er von der Bedienung in Ramseier-Flaschen umfüllen lassen, damit niemand was mitbekommt", berichtet Friederichs. „Die Buben haben eh kein Geld im Sack, ich geb' einen aus", zeigte sich Fischer stets großzügig und bestellte immer wieder „Grolla", einen hölzernen Kelch mit bis zu zehn Tüllen, der mit heißem Schnaps gefüllt war und von Mund zu Mund ging. Er selbst hatte stets ein diebisches Vergnügen, andere abzufüllen und selbst nur Wasser oder Apfelschorle zu trinken. Am nächsten Morgen rief er dann schadenfreudig, aber mit froher Botschaft in aller Herrgottsfrühe an: „Bube, geht's euch gut? Des Wetter isch schön. Ich nehm' euch im Heli mit!" Eine Stunde später standen die Übernächtigten am Landeplatz und bestiegen mit Louis und einem Bergführer den Helikopter. „Der Pilot sah mit seinem Zehn-Tage-Bart und den abgeschnittenen Fingerhandschuhen alles andere als vertrauenswürdig aus, aber er brachte uns sicher zum Monte Rosa-Sattel", so Friederichs.

In der Mittagssonne saßen die Skifahrer auf den urigen Holzbänken vor der alten Monte Rosa-Hütte und Louis, stets Hummeln im Hintern, fing sich beim Hin- und Herrutschen einen Spreißel in seinen Allerwertesten ein. Drei Touristinnen, die am Nachbartisch saßen, sollten Abhilfe leisten. Fischer ließ die Hosen runter und bat mit Unschuldsblick, ob sie den Splitter entfernen könnten.

Die Damen waren nicht zimperlich und der Patient bedankte sich für ihren Einsatz mit einer Einladung zum Vesper. „Auf der Höhe ist eben alles erlaubt“, grinst Andreas Friederichs und erinnert einen weiteren Skiausflug mit dem Fischer Louis. Mit der Seilbahn sollte es den Berg hinaufgehen. Immer mehr Menschen drängten in die kleine Kabine, und als die Türen sich endlich schlossen, „kam man sich vor wie in einer Sardinenbüchse“. Auch Fischer fühlte sich beengt und nicht minder seine Darmgase. Ein Flatus enormen Ausmaßes befreite den Geplagten, und er hatte zwei Fliegen mit einer Klappe geschlagen: Auf einmal verfügte Louis über ausreichend Platz in der Kabine.

„Der Louis war in Zermatt bekannt wie ein bunter Hund und berühmt-berüchtigt für seine Streiche“, bestätigt Dieter Roth, der den Bauunternehmer durch den Skiclub Offenburg kennenlernte. Roth, Jahrgang 1941, hat sein Leben dem Sport verschrieben und mit dem Fischer Louis in mehr als fünf Jahrzehnten so manche Schlacht geschlagen. Gemeinsam klopften sie Bälle beim TCO und Skat im Männerbad, wo Louis regelmäßig seinen Schabernack trieb. Wie ein Kind hatte er seinen Spaß, wenn er mit der flachen Hand auf eine geöffnete Senftube schlug und der Inhalt einem Mitspieler ins Gesicht spritzte. Langweiliger empfand er die Generalversammlungen, die er auf seine Weise zu beenden wusste: „Wenn ihr in zehn Minute mit dem G’schwätz uffhöre, zahl ich’s Dessert!“ Mit dieser Methode war er auch schon im Keller der Althistorischen Narrenzunft erfolgreich gewesen: Als Redner Horst Junker am Schmutzigen Donnerstag kein Ende finden wollte, lobte er dem Narrenverein 1000 Mark aus, wenn „der d'Lapp hält".

In Zermatt, wohin Roth Fischer bald folgte, fand sich stets eine „illustre Männergesellschaft" ein. Das waren befreundete Offenburger und Skiclubmitglieder, die der Bauunternehmer jeden Dezember für ein paar Tage einlud. Acht bis zehn Mann hoch, reiste die Truppe mit dem Zug, und Dieter Roth erinnert eine besonders lustige Fahrt, bei der „wir den Speisewagen leer getrunken haben". Und Louis ergänzt: „Im Zug haben wir immer Skat gespielt. Wer verloren hat, musste während des ganzen Urlaubs für uns den Diener spielen." Vor Ort stand das Skifahren, zumindest tagsüber, an oberster Stelle. „Louis war der beste Tiefschneefahrer, einfach unschlagbar!", lobt Roth und erläutert: „Er war sehr naturverbunden und hat in unberührtem Gelände mit allen damit verbundenen Schwierigkeiten seine Verwirklichung gesucht." Simi, „der Wildeste überhaupt", war stets dabei, wenn Fischer und Co. gefährliche Abfahrten wagten. „Einmal", erzählt Dieter Roth, „sind wir in die Aroleid gefahren, an einer unheimlich schwierigen Stelle ging's über Baumstämme und es hat mich erwischt und in die Luft gehauen." Die Piste Aroleid verdankt ihren Namen einer Walliser Legende um einen Adler, der Leid brachte. Die Offenburger erhielten zumindest eine Lektion: „Das waren ja alles Skilehrer von Olli Grimms Gnaden und konnten den Schweizern das Wasser nicht reichen“, so Roth und gesteht: „Ich habe nach dieser Fahrt mein Skilehrer-Abzeichen in Zermatt weggepackt.“

Solche Abfahrten waren nach Louis Fischers Geschmack: „Das Skifahren war vor allem dann schön, wenn wir einen Bekannten mitnehmen konnten, der sich als besonders starker Alpinist dargestellt hatte“, erzählt er und offenbart: „Für solch einen Angeber suchten wir Mittel und Strecken, um ihn stürzen zu lassen.“ Die Sturzstellen wurden nach dem Unglücklichen benannt, so dass manche Wellen oder Felsen rund um Zermatt noch heute inoffiziell die Namen Ortenauer Bürgermeister oder Rechtsanwälte tragen. Einem Freund gelang es regelmäßig, sich rechtzeitig aus der Affäre zu ziehen: „Der Göhner Paul hatte immer eine Ausrede: Entweder er hatte die falschen Ski dabei oder die vorherige Nacht war zu anstrengend oder sein Vorbild, der Mölders Claus, hatte ihn falsch unterrichtet. Alles, was er machte, sollte elegant aussehen, selbst seine Stürze.“

Auch andere Beweggründe, nicht über eine Kante springen zu wollen, sind Fischer im Gedächtnis geblieben: „Ich bin doch kein Adler“ oder „ich bin Arzt und könnte mir die Finger brechen“ bringen ihn noch heute zum Schmunzeln. Weitaus mehr Respekt erwarben sich mutige Anfänger, die beim Sturz Brille, Mütze und Stöcke verloren und lauthals schrien: „Louis, ich brauche Ersatzteile!“ Rückblickend resümiert er: „Alle diese Opfer hatten eines gemeinsam, beim Après-Ski prahlten sie von ihren Taten wie im besten Jägerlatein. Die Geschwindigkeiten wurden von Sekunde zu Sekunde höher, der Pulverschnee immer tiefer, die Abfahrten schneller, und wenn Frauen im Lokal saßen, war alles noch schlimmer." Doch das gehörte zum täglichen Ritual. Pünktlich um 17 Uhr fand man sich zum Tanztee ein, wo eine Fünf-Mann-Kapelle Schweizer Volkslieder zum Besten gab. Abends spielte Louis mit Simi und anderen Schweizern „Differenzler", ein Kartenspiel, bei dem es laut Dieter Roth sehr ruhig zugeht, da es schwierig sei und man viel rechnen müsse. Wenn Fischer dann zur Nacht noch einen Streich spielen konnte, war zumindest sein Zermatt-Tag perfekt. Weniger begeistert wird der Wirt des Hotels „Slalom" gewesen sein, als er im Keller nächtigen musste, weil Louis die Aufzüge stillgelegt hatte. Als „Stromer" hatte er bereits in jungen Jahren im „Riedle" in Zell Hausverbot erhalten, nachdem er für mehrere Kurzschlüsse verantwortlich zeichnete, im Pariser Kaufhaus „Lafayette" und bei den Salzburger Festspielen hatte er Rolltreppen zum Stillstand gebracht, und auch im Schweizer Skiort waren kein Lift und kein Lokal vor ihm sicher. Norbert Friederichs, Jahrgang 1936, der oft mit dem Skiclub und auch privat in Zermatt war, erinnert Verdunkelungen in der „Walliser Kanne" und im „Chez Gaby" – stets war Louis mit von der Partie. „Einmal", so Friederichs, „hat er alle Sicherungen rausgeschraubt und in seiner Jackentasche mitgenommen." Wo der Fischer auftauchte, gab es keine Langeweile. Im Hotel „Bristol", wo die Offenburger Skilehrer eines Abends aufschlugen, ermunterte ihn ein Stapel mit Tellern zu einer Wette: „Wer es von euch schafft, rücklings auf dem Boden zu liegen und alle zwölf Teller auf einer Hand über dem Kopf zu balancieren, kriegt's Essen bezahlt!“ Da niemand willens war, sich auf den Deal einzulassen, führte Louis selbst das Kunststück vor. Das Ende war absehbar. Vom Krach des zerdepperten Porzellans aufgeschreckt, eilte das Bedienungspersonal herbei und beschimpfte den Verursacher. Der reagierte gelassen: „Was regen'r euch so uff? Was koschte die Scherbe?“ Und Friederichs resümiert: „Bei allen Späßen, die Louis sich erlaubt hat: Es hat nie jemand wirklich Schaden genommen.“ Aber eine Gaudi war es allemal.

Eines Winters, es muss Anfang der 70er Jahre gewesen sein, logierten Norbert mit Ehefrau Anni und Louis mit Fee im „Slalom“. „Habt ihr meinen Mann gesehen?“, wollte Wirtin Lydia wissen und führte aus: „Am Bahnhof warten neue Gäste, die er mit dem Elektroauto abholen soll.“ Da der Wirt nicht aufzufinden war, erbot sich Fischer, mit Dienstmütze und Jackett den Fahrer zu spielen. Ordnungsgemäß beförderte er die Urlauber zum Hotel, lud einen Koffer aus, auch einen zweiten, den dritten aber hielt er fest in seiner Linken, indem er die Rechte weit geöffnet ausstreckte, um Trinkgeld zu empfangen. Geflissentlich übersah der geizige Gast die Aufforderung, und Louis, dem es nicht ums Geld, aber um die Geste ging, hob den teuren Koffer etwas an, um ihn dann demonstrativ in den Schnee plumpsen zu lassen. Die Karriere als Aushilfsfahrer war beendet. Am nächsten Morgen flog Fischer mit „Air Zermatt“ oder dem Hubschrauber von Franzl Burda wieder zum Heliskiing.

Diese exklusive Variante des alpinen Skisports praktizierte er am liebsten in den kanadischen Rocky Mountains. Die Dimensionen eines Landes, das flächenmäßig nahezu dreißig mal größer ist als die Bundesrepublik, faszinierten ihn. Denn, das hieß, „auch die Skigebiete waren eine Spur größer“. Gerne erzählt er von diesen Reisen: „Wir waren immer acht Fahrer, wobei Franz Burda und ich jeweils einen Skilehrer dabei hatten. Ich hatte Simi, Franz seinen Rudi. Wir flogen von Frankfurt nach Calgary und übernachteten dort im „Four Seasons Hotel“. Angekommen, und die Überraschungen begannen: „Wir wollten im Gourmet-Restaurant des Hotels essen, hatten jedoch keine Jacketts dabei und erhielten deshalb keinen Zutritt. Es nutzte nichts, dass Franz die Präsidentensuite gemietet hatte. Wir mussten in die Leihjacken des Hotels schlüpfen. Mit diesen Jacketts hätten wir im Zirkus Sarrasani erfolgreich als Clowntruppe auftreten können.“

Ein Gast, der auf Einladung Franz Burdas erstmals mit von der Partie war, machte da keine Ausnahme: Professor Manfred Abelein, CDU-Politiker und Mitglied des Bundestags, war passionierter Bergsteiger, Sportflieger und ausgebildeter Luftwaffenpilot. In den Anden bestieg er 1977 das Illimani-Massiv, in Österreich schaffte er 1978 die Südwand-Erstbesteigung und gleichzeitig die Winter-Erstbesteigung der Hohen Munde im Tiroler Leutaschtal. Er nahm 1980 an der ersten europäischen Tibet-Expedition seit Jahrzehnten teil und machte 1979 mit einem Nonstop-Flug von New York nach Köln auf sich aufmerksam. Ein echter Kerl also, ebenso wie ein weiteres Mitglied der illustren Runde, Hans Gmoser, einst Bergführer in Österreich, der 1960 das Heliskiing in Kanada erfunden hatte. „Zu uns gesellte sich noch ein Herr Kiefer aus dem Badischen, mittlerweile Hotelbesitzer in Kanada, dem zu Ohren gekommen war, dass Franz Burda hier Gast war", ergänzt Fischer. Das Hotel von Kiefer sollte er später übernehmen, verkaufte es aber nach einigen Jahren an japanische Investoren. Von dem Deal war an jenem Abend aber noch nicht die Rede. Es wurde gegessen, gelacht, das eine oder andere Glas geleert. „Gegen Mitternacht gingen die Kenner ins Bett", erinnert Fischer, der sich ebenfalls zurückzog, wohl wissend, wie die Zusammenkunft enden würde: „Die Anfänger blieben bei Franz sitzen, beziehungsweise auch liegen, wenn sie zu viel getrunken hatten." So verwunderte es den ausgeschlafenen Bauunternehmer nicht, als um sechs Uhr früh sein Zimmertelefon klingelte. Professor Abelein war am Apparat: „Herr Fischer, es ist etwas Schlimmes passiert! Franz liegt mit einem Kreislaufzusammenbruch am Boden und ist bewusstlos!" Louis fragte fachkundig: „Schnarcht er oder röchelt er?" Kurzes Schweigen am anderen Ende, dann die beruhigende Antwort: „Er schnarcht." Und so lautete Fischers Empfehlung: „Lassen Sie ihn liegen! Der Morgen kommt schneller, als Ihnen lieb ist. Gehen Sie ins Bett!“ Gegen acht saß die Mannschaft beim Frühstück, als Franz Burda pumperlgesund und in Skikleidung an den Tisch trat: „Los, wir gehen Skifahren, ihr Schlafsäcke!“ Minuten später lenkte er den Kombi mit den Kollegen zum Heli-Landeplatz. „Auf Skitouren hatte ich selten Angst, auch wenn sie aufgrund von Gletscherspalten, Schneebrettern, Nebel oder Gewittern oft gefährlich und auch anstrengend waren“, berichtet Louis, um dann trocken zu ergänzen: „Mit Franz über vereiste Straßen zu fahren, war gewiss gefährlicher.“

Völlig harmlos schien hingegen das Angebot, den Vorsitz des Offenburger FV zu übernehmen. „Staatssekretär Robert Ruder hatte mich dazu überredet“, erzählt Fischer, und so war am 27.02.1980 in der Presse zu lesen: „Gestern wurde für Außenstehende völlig überraschend ein neuer OFV-Vorstand gewählt. Neuer Präsident wurde der 58-jährige Simon Neumair aus München, der in der Ortenau seit 16 Jahren mit dem Aluminium verheiratet ist. Für den nicht mehr zur Wiederwahl antretenden Vorsitzenden Otto Schroff (ehemaliger Amateurnationalspieler) wurde der Bauunternehmer Louis Fischer gewählt, der versprach, im Sinne seines Vaters zu handeln und lernbereit zu bleiben.“

Dass er seiner Spiellust treu blieb, belegt Thomas Kastler in seinem Buch zum 100-jährigen Bestehen des OFV: „Fischers spitzbübische Methoden bekam als einer der Ersten Siggi Spinner zu spüren. Seine angestrebte Vertragsverlängerung musste er mit dem neuen OFV-Chef auf dem Tennisplatz ausspielen. Dabei stellte Louis Fischer folgende Konditionen auf: Spinner bleibt auf alle Fälle. Bei einem Sieg bekommt er seine Forderung erfüllt. Gewinnt aber Fischer, kickt Spinner ein Jahr lang umsonst. Spinner gab alles und setzte sich nach dreieinhalb Stunden mit 7:5 im fünften Satz durch." Louis erinnert das heiße Match bei 30 Grad: „Beide waren wir halber tot. Aber ich dachte, ich habe gewonnen!"

In Fischers Ägide fiel der legendäre Sieg des OFV als Deutscher Amateurmeister am 16. Juni 1984. „Die Stadt war leer gefegt, und 9.000 Zuschauer füllten bei strahlendem Sonnenschein das Karl-Heitz-Stadion", schrieb Kastler. Nach dem Unfalltod von Kalla Bente hatte Alfred Metzler das Team zum 4:1-Triumph gegen die SC Eintracht Hamm geführt. Dennoch verlangte Louis Fischer laut Thomas Kastler eine Vertragsklausel, nach der Metzler immer dann und ohne Ansprüche auf Restzahlung gefeuert werden könnte, wenn der OFV nicht unter den ersten Fünf auf der Tabelle stand. Was der Vorsitzende nicht wusste: „Der Trainer verhandelte parallel mit dem zweiten Vorsitzenden Klaus Göppert, der ihm anbot, im Falle einer Entlassung das Gehalt bis Saisonende weiter zu bezahlen. Schriftlich gab's das natürlich nicht. Deshalb trug Metzler beim entscheidenden Gespräch mit Göppert ein Diktiergerät unterm Hemd, das er mit Hilfe eines Tapes am Körper festgeklebt hatte."

Am 14. April 1989 gab Louis Fischer per Brief seinen Rücktritt als Vorsitzender bekannt und zog sich in den Verwaltungsrat zurück. Der Verein, der im Geschäftsjahr 1988 einen Gewinn von 4.547 Mark inklusive der Ablösesumme für Martin Wagner erwirtschaftet hatte, verlor einen seiner Hauptsponsoren. Dennoch holte das Ehrenamt den Bauunternehmer zwei Jahre später ein. Im November 1991 begann der Zugriff der Steuerbehörden mit Hausdurchsuchungen. „Drei Beamte fuhren in einem Kombi beim OFV vor und beschlagnahmten Wimpel und Pokale als Pfand", belustigt sich Fischer."

Auslöser war die vom OFV nicht versteuerte Einnahme aus dem DFB-Pokalwiederholungsspiel im Herbst 1987 in Dortmund gewesen – immerhin 14.000 Mark. Betriebsprüfer in Dortmund hatten eine Kontrollmitteilung an die Offenburger Kollegen geschickt. Bei den Durchsuchungen fiel den Fahndern eine Liste in die Hände, die zu der Vermutung führte, dass „der OFV in den 80er Jahren einen offiziellen Haushalt I und einen inoffiziellen Haushalt II geführt hatte. Und Haushalt I wurde vor dem Finanzamt versteckt", so die Staatsanwaltschaft gegenüber der „Badischen Zeitung". Am 2. Oktober 1996 begann das Steuerstrafverfahren gegen Louis Fischer und Egon M. Schneider als ehemalige Vorsitzende vor dem Offenburger Amtsgericht. Auf die Frage nach Angaben zu seiner Person antwortete Fischer treuherzig: „Ich bin Pensionär und bekomme 3.200 Mark im Monat." Und auch während der Vernehmung bewahrte er die Unschuldsmiene und beteuerte, nicht gewusst zu haben, dass Spieler Gelder nicht versteuerten: „Für mich war das Thema erledigt, weil der Schatzmeister gesagt hat, das geht in Ordnung." Dagmar Dehmer verfolgte die Verhandlung für die „Badische Zeitung": „Richter Wolfgang Knopf verwies auf ein Schreiben des Offenburger Finanzamts an den OFV, zu Händen Ludwig Fischer. Darin wurde auf die Pflicht des Vereins, Lohnsteuer abzuführen, aufmerksam gemacht. Das habe ich nie gesehen, beteuerte Fischer." Weder er noch Schneider sahen ein, warum ausgerechnet sie vor Gericht standen: „Wir haben gemacht, was alle machen." Die Zahlen sprachen gegen sie: Laut Aussagen des Betriebsprüfers betrug das Volumen des Schattenhaushalts jährlich zwischen 300.000 und 500.000 Mark, die Summen im offiziellen Haushalt I lagen zwischen 30.000 und 50.000 Mark. Die Einnahmen des Zweithaushalts setzten sich aus Ablösesummen sowie nicht versteuerten Einnahmen aus Spielen zusammen, die Ausgaben waren Spielergehälter und Ablösegelder an andere Vereine. Nach anfänglich 1,7 Millionen Mark Steuernachforderungen an den Verein einigte man sich auf 1,4 Millionen Mark, die auch von ehemaligen Spielern abzutragen waren. Das Verfahren gegen Fischer und Schneider wurde am 16. Oktober gegen Zahlung hoher Geldauflagen eingestellt. Fischer musste 80.000 Mark an gemeinnützige Einrichtungen überweisen, Schneider 50.000 Mark. Laut Thomas Kastler behielt Richter Knopf nach Louis' süffisanter Vorstellung das letzte

Wort, indem er ihn darauf hinwies, dass seine Zahlungen nicht von der Steuer absetzbar wären. Der Bauunternehmer trug's mit Fassung und ist heute noch stolz auf seinen „frechsten Spruch" während des Prozesses: „Dass die meisten Finanzbeamten faul sind, habe ich gewusst, dass sie aber noch dumm sind, ist mir neu." Zu der Ansicht kam er, weil „sie nicht einmal die Adressen ihrer Amtskollegen und anderer Beamter kannten, die auch Lohnsteuern schuldeten".

„Sein Herz hängt aber noch immer am OFV", sagt Louis Fischers Sekretärin Roswitha Höfler, die von 1978 bis 1991 Schriftführerin des Vereins war und „eine Art Bindeglied" darstellt. „Herr Fischer", so weiß sie, „unterstützt die Fußballer weiterhin projektbezogen, sei es, in dem er eine Busfahrt finanziert oder eine Weihnachtsfeier." Und im Januar 2019 veröffentlichte der Traditionsverein von der Badstraße eine Pressemitteilung: „Alte Liebe rostet nicht – Ludwig Louis Fischer wird Schirmherr der OFV-Jugend." Pünktlich zum 111-jährigen Bestehen des Vereins übernehme Fischer die Aufgabe, „sehr darauf zu achten, dass der eingeschlagene Weg der Jugendförderung und Ausbildung weiter verfolgt und ausgebaut wird". Einen Menschen, der das Spiel liebt, kann eben auch eine Niederlage nicht abhalten. „Das Gewinnenwollen ist nur deshalb wichtig, weil es zum Spielarrangement gehört", bestätigt Philosoph Christoph Quarch, „deshalb spielen wir auch dann weiter, wenn wir verlieren. Das Spiel ist das Entscheidende."

Skifahren Anfang des 20. Jahrhunderts unterhalb des Brendturms (links und oben).

Louis Fischer in Zermatt, das er in den 1960er Jahren für sich entdeckte.

Mit Freund Simon „Simi" Biner beim Heliskiing in Kanada.

Auf der OFV-Tribüne gegen den SC Freiburg im Juli 2019: Richard Jaekel, Louis Fischer, Gerlinde Fischer, Silvano Zampolli (oben, von rechts).

Auf dem Tennisplatz des TCO in Offenburg.

Staatsanwälte küsst man nicht

Am 26. Januar 1991 war der Offenburger Lindenplatz bevölkert wie sonst nur zur Fasentdaifi am Schmutzige Dunnschdig. Allerdings tummelten sich an diesem Samstag keine Hemdglunker am Narrenbrunnen; aufgrund des Kriegs im Nahen Osten fiel die Fasnacht aus. Nachdem alle diplomatischen Bemühungen um einen Rückzug Saddam Husseins aus Kuwait, das er im August 1990 überfallen und annektiert hatte, gescheitert waren, hatte am 17. Januar 1991 nach Ablauf eines letzten UN-Ultimatums die „Operation Wüstensturm“ begonnen. Der erste vom Fernsehen teilweise live übertragene Krieg der Geschichte kostete Zehntausende von Menschenleben und zog weltweit Millionen von Friedensdemonstranten auf die Straßen. In Offenburg galt an jenem Januartag der Protest vor allen Dingen einem Mann: Bauunternehmer Louis Fischer. Mit Parolen beschrifteten Plakaten, Buh-Rufen, Pfeif-Konzerten und Flötentönen warf die aufgebrachte Menge ihm vor, er habe Saddam Hussein zu seinen Scud-B-Raketen verholfen. Im bis zum Hals zugeknöpften Mantel schrie der Verdächtigte gestikulierend gegen die Vorwürfe an. Er war bereit, sich den Kontrahenten zu stellen und offerierte den Demonstranten: „Ich lade euch zu einem Diskussionsabend ein.“ Am vereinbarten Termin wartete er mit dreißig Mitarbeitern in der Villa Bauer: „Es kam niemand. Einem Disput sind sie ausgewichen, obwohl sie zunächst zugesagt hatten." Gegenüber der Presse ließ der Unternehmer verlautbaren: „Mit dem Embargo kamen meine Geschäftsbeziehungen zum Erliegen, die Kontakte mit Bagdad rissen völlig ab." Die Staatsanwaltschaft Offenburg war sich dessen nicht so sicher.

„Alles begann im Jahr 1990", erinnert Louis Fischer. Ein Beamter der Oberfinanzdirektion Freiburg, Zolloberinspektor Dieter Huber, hatte Fischers Exportaufträge in den Irak vom 01.01.1988 bis zum 30.09.1990 überprüft und war am 19. November 1990 zu dem Schluss gekommen: „Die Prüfung ergab keine Beanstandungen. Die festgestellten Warenausfuhren bedurften keiner Ausfuhrgenehmigung. Hinsichtlich der Ausfuhr eines Industrie-Schweißroboters bzw. der Gültigkeit von erteilten Negativbescheinigungen wird das BAW um Prüfung und Entscheidung gebeten. Verstöße gegen das Irak-Embargo wurden nicht festgestellt." Am 6. August 1990 hatte der Sicherheitsrat der Vereinten Nationen mit der Resolution 661 eine nahezu totale Wirtschaftsblockade gegen den Irak verhängt.

Staatsanwalt Jürgen Collmann bezweifelte, dass Fischer das Export-Verbot befolgte. „Bereits im Januar hat sich eine Verdachtslage ergeben, die uns zu Vorermittlungen veranlasste", äußerte er sich gegenüber der „Mittelbadischen Presse" und leitete am 11. März 1991 ein Ermittlungsverfahren ein, da sich die Verdachtsmomente, Fischer könnte zumindest gegen das Außenwirtschaftsgesetz verstoßen haben, erhärtet hätten. Zwei Tage später wurde bei Richter Rolf-Dieter Sigg ein Durchsuchungsbeschluss beantragt. Collmann begründete die Durchsuchungen mit Erkenntnissen, die aus der Prüfung der Oberfinanzdirektion gewonnen worden seien, sowie weiteren „substantiellen Hinweisen".

Um 9 Uhr am 26. März schritt eine gut zwanzig Mann starke Truppe von Ermittlern zur Tat. Beteiligt an den Durchsuchungen der Geschäftsräume in der Hauptstraße, des Beton-Fertigteilwerks und Transportbetonwerks in der Heinrich-Hertz-Straße, der Flughalle auf dem Flugplatz Offenburg, der Niederlassungen in Berlin und Radolfzell sowie Fischers Privathaus in der Hölderlinstraße waren Beamte des Zollkriminalinstituts Köln, der Zollfahndungsämter Freiburg und Karlsruhe inklusive der Offenburger Außenstelle. „Die Durchsuchung vorgenannter Objekte dient der Sicherstellung sämtlicher Unterlagen (auch Flugbücher), die sich auf die Irak-Geschäfte der Firma Louis Fischer in unverjährter Zeit beziehen." Als Gründe für den Beschluss wurden genannt: „Aufgrund der bisherigen Ermittlungen besteht der Verdacht, dass der Beschuldigte Ludwig Fischer als verantwortlicher Geschäftsführer der Firma Louis Fischer Bauunternehmung GmbH und Co KG (Sitz: Offenburg) in nicht rechtsverjährter Zeit – auch noch nach dem am 06.08.1990 von der UNO gegen den Irak verhängten Handelsembargo – fortgesetzt handelnd in größerem Umfange illegale Lieferungen in den Irak initiiert und auch gelenkt hat. Nach den bisherigen Feststellungen betrieb der Irak die Entwicklung von Raketen, und zwar Flüssigtreibstoff-Raketen unter den Projektbezeichnungen 1728 und 144. Bei dem Projekt 1728 handelt es sich um ein Projekt zur Modifizierung, insbesondere der Reichweitensteigerung, der sowjetischen Scud-B-Rakete. Die Durchführung dieser Projekte oblag u.a. der in Bagdad ansässigen Firma „Nassr State Enterprise", die zwischenzeitlich als eine Organisation in der irakischen Rüstung identifiziert worden ist. Nach den bisherigen Ermittlungen besteht der Verdacht, dass die Firma Louis Fischer in größerem Umfange zu den vorgenannten irakischen Rüstungsprojekten Lieferungen durchgeführt hat und zumindest die zu dem Projekt 1728 gelieferten Spannwerkzeuge, Schnellspannfutter für CNC-Werkzeugmaschinen, die speziell für die Raketenrüstung konstruiert waren und für die eine Genehmigungspflicht bestand."

Weiter hieß es in dem von Richter Sigg unterzeichneten Beschluss, dass ein leitender Fischer-Mitarbeiter geäußert hätte, dass es der Firma auch in jüngster Zeit gelungen wäre, teilweise unter der Tarnbezeichnung „Beläge für Schienenfahrzeuge" über die Schweiz Lieferungen in den Irak durchzuführen. Louis Fischer kommentierte diese Vorwürfe auf dem amtlichen Papier handschriftlich: „Alles in einer Kneipe gehört." Nichtsdestotrotz lautete die Anordnung: „Dass durch illegale Lieferungen in den Irak – insbesondere von speziell konstruierten Teilen für die

Raketen-Technik – das friedliche Zusammenleben der Völker und auch die auswärtigen Beziehungen der Bundesrepublik Deutschland erheblich gefährdet sind, ist bei den bekannten politischen Verhältnissen im Nahen Osten zu bejahen. Da nur durch Sicherung aller Unterlagen, die im Zusammenhang mit den Irak-Geschäften der Firma Louis Fischer stehen, überprüft werden kann, ob und in welchem Umfange illegale Lieferungen in den Irak erfolgt sind, ist eine Durchsuchung der vorgenannten Anwesen erforderlich, da zu vermuten ist, dass entsprechende Unterlagen dort vorhanden sind."

„Bei den durchgeführten Hauptuntersuchungen wurden zirka 400 Ordner beschlagnahmt", berichtet Louis Fischer und gesteht: „Einem Beamten habe ich drei in Leder gebundene Ordner auf die Hand geschmissen. Der hat mir dann gedroht, mich in Handschellen legen zu lassen." So weit kam es nicht. Doch Fischer führt fort: „Alle Festplatten und Programme unserer EDV und sonstiges, umfangreiches angebliches Beweismaterial wie Zeichnungen, Faxe usw. wurden sichergestellt." Umgehend legten seine Anwälte Beschwerde beim Landgericht ein, mit der sie die Herausgabe der Akten erreichen wollten. „Wenn nichts dran ist, bin ich der Erste, der das Verfahren einstellt", gelobte Jürgen Collmann.

Über Collmann, der 33 Jahre lang im Dienste der Offenburger Staatsanwaltschaft stand, darunter zwanzig Jahre als Oberstaatsanwalt, und dem stets nachgesagt wurde, keine Scheu vor großen Tieren zu haben und sich als Prominenten-Jäger zu gefallen, schrieb die „Mittelbadische Presse" 2009: „Collmann hat auf seiner Anklageliste reihenweise Amtsträger und Hochkaräter des öffentlichen Lebens stehen: den früheren Landesminister Hermann Schaufler, einen bekannten Bauunternehmer, Bürgermeister und Ärzte oder Verwaltungsleiter und Ex-Rektor der Offenburger Fachhochschule. Doch das interpretiert Collmann anders. Ein Staatsanwalt könne seine Fälle nicht aussuchen, sie würden nach Geschäftsplan zugeteilt. Prominente anders zu behandeln als normale Straftäter, darin sähe er ‚Klassenjustiz mit umgekehrten Vorzeichen'. Freilich stehe man bei solchen Prozessen besonders im öffentlichen Rampenlicht, dürfe sich also keine Blöße erlauben oder einknicken."

Das tat er auch im Fall Fischer nicht. Selbstverständlich war er am 26. März 1991 in den Büroräumen in der Hauptstraße vor Ort. „Herr Collmann fand bei seinen Untersuchungen zwei Dinge, die strafbar waren, sogenannte Zufallsfunde. Einmal ein 6-mm-Kleinkalibergewehr und einen Zettel mit der Kontonummer einer Schweizer Bank. Das Gewehr war zu groß, als dass ich es hätte verschwinden lassen können. Das Papier mit der Kontonummer habe ich gegessen", erzählt Louis Fischer rückblickend und kann dabei ein Grinsen nicht unterdrücken. „In meinem Zimmer hat Herr Dr. Collmann die Wände abgeklopft und nach einer Geheimkammer gesucht", so der Unternehmer weiter, „das Büro von Geschäftsführer Lehmann wurde von den Fahndungsbeamten nicht durchforstet, weil es gerade renoviert wurde. Dabei war in diesem ein Teil der Irak-Akten untergebracht."

Dafür erhielt ein Freund Fischers unangekündigten Besuch von Jürgen Collmann: Reiner Schmid, Jahrgang 1938 und seit 1974 Chef der „Schmid Eisen GmbH & Co. KG" in Hausach. Er und Louis sind Skatbrüder, haben früher gegeneinander Fußball gespielt und auch das eine oder andere Geschäft abgewickelt. Gemeinsam hatten sie 1986 die „Stahlveredelung Landsberg" als Dienstleister für Stahlwerke und Stahlhändler gegründet, doch wenige Jahre später überließ Fischer dem Freund seine Anteile: „Reiner, ich geh russ!", entschied der Bauunternehmer und begründete: „Du kannsch mich do so bschisse, des will ich nit!" Schmid erläutert: „Der Louis traut nur sich selber. Des isch's Problem, wenn du mit ihm zamme schaffsch." Für den Irak hatte Schmid an die Fischer Bau Stahl geliefert, der von Gießereien benötigt wurde. „Immer in Absprache mit dem Zoll in Eschborn", wie er betont. In der heißen Phase, so der Unternehmer weiter, sei jedes Angebot an irakische Geschäftspartner mit dem Zusatz versehen worden: „Erst gültig, wenn das Embargo gegen den Irak aufgehoben ist." Trotzdem standen an einem Montagmorgen um zehn Collmann und seine Beamten zeitgleich vor der Hausacher Firma und dem Privathaus von Reiner Schmid in Fischerbach. Hier öffnete Ehefrau Gretel und wollte, nach einem Blick auf den Durchsuchungsbefehl, die Tür schon wieder zuschlagen: „Das passt jetzt nicht, ich habe einen Friseurtermin. Kommen Sie später wieder!“ Doch der Ermittler hatte seinen Fuß bereits auf der Schwelle und verschaffte sich und seinem Team Einlass. Im Tresor wurden die Beamten fündig, packten Waffen und Munition, die dort einbruchsicher deponiert waren, in einen Eimer und fuhren damit schnurstracks zu Collmann, der mit weiteren Kollegen die Geschäftsräume des Eisenhändlers durchsuchte. „Jetzt hämmer ne!“, verkündeten die Fahnder stolz. Und Reiner Schmid kann noch immer den Kopf schütteln: „Ich war Waffenhändler, das war eine Tradition unseres Hauses.“ Da nichts zu beanstanden war, forderte er, dass die Ermittler ihre Fundstücke wieder zurück in den Tresor brachten – und sie zogen mit ihrem Eimer ab. Oberstaatsanwalt Collmann aber bestand auf seinem Verdacht, dass Schmid gegen das Embargo verstoßen habe, so dass es zu einer Verhandlung vor dem Offenburger Amtsgericht kam. „Die Klage wurde verworfen, aber Collmann ging in Berufung“, erzählt der Unternehmer; allerdings habe das Landgericht als nächste Instanz gleichermaßen entschieden. „Es geht mir heute noch nach, dass man mit Bürgern so umgeht“, spricht Schmid und setzt noch einen drauf: „Jahre später erhielt ich von Collmann eine Spendenaufforderung für den Offenburger Bezirksverein für Soziale Rechtspflege, der JVA-Insassen unterstützt. Das muss man sich mal vorstellen! Erst will er mich ins Gefängnis bringen und dann soll ich spenden." Doch ganz so unschuldig, wie Schmid und sein Freund Fischer sich gerne darstellen, waren sie nicht immer. Bei einem Skat-Treff in der Ortenberger „Krone" im April 2019 erzählen sie verschmitzt von ihrem irakischen Partner „Al-Sheikli": „Der war erfunden!"– „Nein, den gab's!" – „Aber er war schon tot!" – „Erschossen vor einem Hotel!" – „Wir haben ihn weiterleben lassen!" So ganz genau bekommen sie die fantastische Geschichte von Al-Sheikli nicht mehr zusammen. Fest steht, die Vermittlungsgebühren, die dieser Scheich von dem Ortenauer Duo für Irak-Aufträge erhielt, waren dokumentierte Ausgaben, die das deutsche Finanzamt akzeptierte. „Ä Quittung vom Al-Sheikli" wurde für die Freunde zum geflügelten Wort. Heute lachen sie über die abenteuerliche Zeit im Nahen Osten, doch damals war Louis noch immer ein gefundenes Fressen für die Medien.

Genervt von den Presseberichten über den „Waffenhändler Fischer" und einen TV-Beitrag, in dem seine Firma mit Bombenanschlägen auf Tel Aviv in Verbindung gebracht wurde, wandte sich Louis an Prominenten-Anwalt Matthias Prinz, der unter anderem auf Presse- und Medienrecht sowie Reputationsschutz spezialisiert ist. Prinz, der Prinzessin Caroline von Monaco und Boris Becker vertreten hat und Vorstände und Aufsichtsratsvorsitzende von Unternehmen berät, antwortete nach Prüfung der Sachlage: „Herr Fischer, Sie haben keine Chance, das zu unterbinden." Also schrieb der Verdächtige Ende April an die Offenburger Zollfahndung: „Aufgrund dieser Artikel können Sie sich vorstellen, dass die Firma Fischer nicht gerade positiv beurteilt wird und dass die Hetz-Kampagne nicht gerade spurlos an einem vorübergeht. Aus diesem Grund hoffe ich, dass Sie Verständnis für mich haben, wenn ich auf einen Abschluss der Angelegenheit dränge, sei es durch eine Eröffnung des Verfahrens oder was auch sonst immer geschehen mag. Der derzeitig Schwebezustand erinnert mich in fataler Weise an den Psychoterror früherer Jahre."

Doch es sollte noch schlimmer kommen. Am 1. September 1991, einem Sonntag, rief der „Arbeitskreis Frieden" zu einer Demonstration auf. Ziel einiger Demonstranten waren die Fischer-Wohn-und-Geschäfts-Häuser in der Hauptstraße 124-126. Sie beschmierten die Hofeinfahrt mit Totenköpfen und Scud-Raketen und kritzelten auf die Hauswand Parolen wie „Boykottiert Fischer Bau" oder „Nur ein schlechter Fischer fischt im Trüben". „Ein paar Jahrzehnte vorher war es der Judenstern", erinnerte Louis Fischer. Einen Tag später schrieb er an Staatsanwalt Collmann: „Eines ist auf jeden Fall geblieben, heute wie damals: Es gibt keine Möglichkeit, sich wirklich zu wehren. Die Polizei begleitete zwar die Demonstration, hat jedoch nicht gesehen, wie die Häuser beschmiert wurden, hat es also auch nicht verhindert." 27 Jahre später wird Fischer notieren: „Nach diesen Vorfällen kann man vielleicht verstehen, dass ich allen Respekt vor unserer Justiz verloren habe. Die Politik, die die Gesetze macht, hilft da auch nicht." An Collmann schloss er: „Ich würde meinen, durch Ihr Vorgehen wird mir ein friedliches Zusammenleben mit der Offenburger Bevölkerung und dem deutschen Volk erheblich erschwert. Aber derartige Gesichtspunkte scheinen bei Ihrer auf die juristische Seite begrenzten Betrachtungsweise nicht die notwendige Geltung zu haben. In diesem Sinn darf ich Sie bitten, nun wirklich das Verfahren mit echten Beschuldigungen gegen mich zu eröffnen oder aber die Bevölkerung sofort darüber aufzuklären, dass Sie nur einem Denunzianten nazistischer Prägung aufgesessen sind oder aber, in Unkenntnis technischer Details, die Firma Fischer zu Unrecht beschuldigt haben."

Ein persönlicher Briefwechsel zwischen Fischer und Collmann führte nicht weiter. Dafür bekräftigte die Staatsanwaltschaft im November in der Presse ihren Verdacht gegen die Bauunternehmung, ohne Einzelheiten zu nennen. Fischer konterte, dass er weiteren Ermittlungen „mit allergrößter Ruhe entgegensehen" würde. „Wenn man eine Beißzange liefert", unkte er, „dann kann mit der natürlich theoretisch die Verpackung einer Scud-Rakete entfernt werden." Doch er bestand darauf, nach dem Embargo nur „Burda Moden"-Hefte in den Irak geliefert zu haben. Sarkastisch forderte er: „Die sollen Anklage erheben wegen der Mode-Zeitschriften. Dann gehe ich dafür zehn Jahre ins Gefängnis, aber bitte unter denselben

Bedingungen wie Gerhard Stoltenberg und die Leute vom Nachrichtendienst, die wehrtechnisches Gerät nach Israel liefern wollten." Ende des Jahres 1991 hatte der Bundesnachrichtendienst in Zusammenarbeit mit Beamten des Verteidigungsministeriums den Versuch unternommen, widerrechtlich Waffen – deklariert als landwirtschaftliche Maschinen – an Israel zu liefern. Der Waffentransfer konnte rechtzeitig gestoppt werden, und Stoltenberg musste seinen Hut nehmen.

Noch immer bemühte sich Fischer erfolglos um die Rückgabe der beschlagnahmten Unterlagen. Oberstaatsanwalt Collmann, der in einem seiner Schreiben argumentiert hatte, dass der größte Teil zurückgegeben worden wäre, ließ er wissen: „Tatsache ist, dass 414 Ordner mitgenommen wurden. Bis zum 06.06.1991 hat man 70 Ordner zurückgegeben. Es sind nach Adam Riese auch für einen Juristen noch 344 Ordner bei der Behörde. Als Ingenieur würde ich sagen, der Großteil wäre mindestens ein Ordner mehr als die Hälfte. In Wirklichkeit ist es noch nicht einmal ein Viertel. Auch ein Oberstaatsanwalt sagt die Unwahrheit, wenn es in seinem Interesse liegt." Als ein Zollfahndungsbeamter im Dezember 1992 nicht mit den Akten erschien, sondern zu einer neuen Durchsuchung schritt, platzte Louis Fischer der Kragen. Er schrieb an den Beamten: „Sie sind für mich ein Lügner." Eine Kopie sandte er an Collmann und ergänzte sie um den Zusatz, dass er in ähnlicher Weise einzustufen wäre wie seine „Erfüllungsgehilfen". Ein Verfahren wegen Beleidigung wurde eingeleitet, und noch im Oktober 1993 schrieb Fischer an seinen Anwalt: „Ich bin nicht bereit, als Duckmäuser zu gelten und klein beizugeben. Deswegen prozessieren wir." Wenige Monate später änderte er seine Meinung und erreichte, dass das Verfahren nach einer Ehrenerklärung gegenüber Collmann und dem Zollbeamten eingestellt wurde. „Verurteilt wurde ich nur wegen des Kleinkalibergewehrs. Das war der einzige Prozess, den ich verloren habe", versichert Louis Fischer und ergänzt: „Für den Waffenbesitz habe ich 5.000 Mark bezahlt, für die Schweizer Kontonummer nichts." Noch immer sei er im Besitz von Waffen, „soweit sie in der Schweiz erlaubt sind".

Im September 1997, sechs Jahre und sechs Monate nachdem das Ermittlungsverfahren eingeleitet worden war, berichtete „lsw", der Landesdienst Baden-Württemberg der Deutschen Presse-Agentur, dass bereits im August eine Anklage gegen Bauunternehmer Louis Fischer und seinen Geschäftsführer Hans Rudolf Kälin erhoben worden war. „Die Anklage wurde dem Offenburger Amtsgericht zugestellt. Von dieser Maßnahme habe ich ausschließlich durch die Presse erfahren", dokumentierte Fischer ein Jahr später den Ablauf. „Die eigentliche Anklage wurde mir erst etwa drei Wochen später zugestellt. Entschuldigt hat man sich für diese Tatsache nicht, sondern das Ganze als technischen Fehler dargestellt. Der bearbeitende Richter sah sich mit dem Verfahren überfordert. Es erschien ihm zu wichtig. Er hat das Verfahren weitergeleitet zur Bearbeitung an das Landgericht Mannheim, Wirtschaftsstrafkammer. Mannheim hat nach etwa drei Monaten das Verfahren wieder nach Offenburg zurückgeschickt mit der Begründung, so wichtig sei das Ganze nun auch wieder nicht, als dass es nicht in Offenburg bearbeitet werden könnte. Nun liegen alle Unterlagen wieder beim Gericht in Offenburg. Richter Baumgartner, der diese Unterlagen seit etwa einem halben Jahr bearbeitet, misst dem Ganzen auch nur die Bedeutung zu, die sie tatsächlich hat, nämlich: Aus einer Mücke wurde von einem wild gewordenen Oberstaatsanwalt ein Elefant gemacht."

Selbstverständlich genügte ihm diese Spitze nicht: „Meine Empfehlung an den Herrn Oberstaatsanwalt, sich für dieses Vorhaben eines Herrn Copperfields zu bedienen, erscheint ihm zu teuer, obwohl dieses ganze Vorhaben den Steuerzahler sicher schon eine sechsstellige Summe gekostet haben dürfte." Louis Fischer selbst kam glimpflich davon. Im Mai 1999 schrieb die „Badische Zeitung": „Das Verfahren gegen den Bau-Unternehmer Ludwig Fischer wegen illegaler Lieferungen in den Irak ist eingestellt worden. Das Amtsgericht Offenburg geht von einer geringen Schuld Fischers aus, der lediglich eine Geldauflage von 5.000 Mark entrichten muss. Erheblich schärfer war die Strafe für seinen Geschäftsführer Hans-Rudolf Kälin ausgefallen: Er ist im März zu 14 Monaten Haft auf Bewährung und einer Geldauflage von 75.000 Mark verurteilt worden."

In dem Artikel heißt es weiter: „Kälin hätte Fischer belasten können. Das hat er nicht getan. Seine Geschäfte mit dem Irak, für die er verurteilt worden ist, hatte er über ein inzwischen liquidiertes Unternehmen in der Schweiz abgewickelt. In einer Pressekonferenz hatte Kälin betont, dass Fischer Bau in Offenburg darin nicht involviert sei."

„Außer Spesen nichts gewesen!", titelte die Mittelbadische Presse im August 1999 und erläuterte: „Auch die Staatsanwaltschaft, die sich beinahe neun Jahre in ihren Verdacht verbissen hatte, stimmte dem Vergleich zu. Resultat: Die 5.000 Mark zahlt Ludwig Fischer aus der Hosentasche." Der leitende Oberstaatsanwalt Wolfgang Eißer wurde zitiert: „Fischer war ohnehin nie die zentrale Figur der Ermittlungen" und dem Zugeständnis, dass die lange Ermittlungszeit „unerfreulich" gewesen wäre. Oberstaatsanwalt Collmann befand sich im Urlaub.

Louis Fischer war endlich entlastet. Die Urkunde mit dem Beschluss des Amtsgerichts Offenburg vom 26. Mai 1999 hat er aufbewahrt: „Nach Erfüllung der Auflage wird das Verfahren endgültig eingestellt. Die Staatskasse trägt die Verfahrenskosten mit Ausnahme der notwendigen Auslagen des Angeklagten." Und in Fettschrift: „Ermittlungsdauer 9 Jahre." Auch zwanzig Jahre später kann sich Louis über den damaligen Oberstaatsanwalt und dessen Methoden noch echauffieren: „Damals sagte zum Beispiel eine Sekretärin aus: Ich habe gehört, wie Fischer zu seinem

Geschäftsführer sagte, Hans, wir gehen an die Kinzigbrücke und werfen die Irak-Ordner ins Fundament, es wird gerade betoniert. 1991 bauten wir die neue Brücke in Offenburg. Was mich dabei am meisten gestört hat, war, dass ich so blöd sein sollte, so etwas zu machen. Collmann glaubte der Zeugin. Und es gibt noch weitere nette Geschichten zu erzählen über den Staatsanwalt und seine Truppe. Dass sie alle von Waffen nichts verstanden, ist nachweisbar. Ich hatte einen ledergebundenen Vertrag mit der Firma Oerlikon-Bührle in Zürich. Dieser Vertrag interessierte die Herren nicht, obwohl Bührle ein Waffenlieferant war. Auch Hitler hatte schon Geräte bei Oerlikon-Bührle gekauft. Dafür glaubten sie an das Märchen von Bremsbelägen für Algerien als Deckname von Waffen. Bei der Durchsuchung hatten alle Beamte einen Revolver bei sich, dafür hatten sie den Verstand an irgendeinem Stammtisch liegen lassen. Eine Bohrmaschine könnte Menschen höchstens verletzen, wenn man sie falsch bedient. „Burda Moden"-Hefte könnten als Vorlage für Uniformen dienen. Woher soll ein Zöllner wissen, dass es in Algerien einen Bahnverkehr gibt oder dass Oerlikon-Bührle auch Waffen herstellt? Den Zöllnern bin ich deswegen nicht böse, aber dass ein promovierter Jurist das nicht weiß, will etwas heißen. Für mich war es eine echte Belastung, den Behörden ausgeliefert zu sein. Während den langjährigen Untersuchungen waren drei Justizminister im Amt. Ich habe mich bei jedem einzelnen beschwert, genützt hat es nichts."

Seine Wut auf Politik und Justiz zelebriert Louis Fischer. „Justiz ohne Ende“ betitelt er sechs handgeschriebene DIN-A4-Seiten, die er im Oktober 2017 verfasst hat. Er, der täglich eine Vielzahl von Zeitungen studiert, politisch stets gut informiert und diskussionsfreudig ist, tut seine Meinung gerne in öffentlichen Briefen an Politiker kund und hält auch in diesen Aufzeichnungen nicht hinterm Berg. Nach anfänglichen Zweifeln scheint er Vergnügen an seinem Erinnerungsband gefunden zu haben und verbringt viele Stunden an seinem Schreibtisch mit Blick auf den Vierwaldstätter See. „Juristen“, so beginnt er, „sind eine besondere Gruppe von Menschen.“ Dann folgt eine für den Fischer Louis typische Abrechnung: „Juristen genießen ein hohes Ansehen. Das heißt, so war es einmal. Allzu viele Fehlurteile, die sich herumgesprochen haben, ließen den Glanz verblassen. Hinzu kommt, dass die allerhöchsten Gremien wie die Bundes- oder Verfassungsgerichte mit Politikern besetzt werden. Das, was Erdogan mit seiner Diktatur allein entscheidet, wird in Deutschland parteiintern geregelt, sozusagen im Proporz. Anders ist es nicht zu erklären, dass wir zum Beispiel vier oder fünf Bundestagspräsidenten haben. Noch schlimmer ist es mit Verfassungsrichtern. Ein Herr Müller, ehemaliger Ministerpräsident des Saarlands, wird Verfassungsrichter. So kann man erwarten, dass die Urteile immer nach dem Wunsch der Politiker ausfallen. Ein Beispiel: Das Verfassungsgericht verurteilte Herrn Schäuble, etwa sechs Milliarden an die Stromerzeuger zurückzuzahlen.

Die Herren Müller und Huber, ehemaliger Finanzminister in Sachsen, stimmten dagegen. Vermutlich mussten sie das tun, ansonsten hätte man ihnen den lukrativen Posten wieder entzogen." Im Juni 2017 hatte das Bundesverfassungsgericht die sogenannte Atomsteuer gekippt, die der Staat ab 2011 auf Brennelemente, die neu in Atomkraftwerke eingesetzt wurden, erlassen hatte. 6,3 Milliarden Euro mussten an Energiekonzerne erstattet werden.

„Mein Misstrauen gegenüber Richtern war immer groß, doch noch größer war deren Neid gegenüber Wohlhabenden", meint Fischer. Gerne zitierte er zu Beginn eines Prozesses Artikel 3 des Grundgesetzes: „Alle Menschen sind vor dem Gesetz gleich." Und er ärgert sich noch heute über Zuwiderhandlungen: „Wenn der Richter eintritt, müssen alle aufstehen. Das muss so sein, auch wenn der Richter 15 Minuten später kommt. Er entschuldigt sich nicht. Ich erlaubte mir einmal zu sagen: Ich bin Maurer von Beruf, und Pünktlichkeit ist erste Pflicht eines Handwerkers. Das fehlt Ihnen!"

Und Fischer holt weiter aus: „Bei einem anderen Prozess in Rastatt war ein wichtiger Zeuge erkrankt. Fünf waren eingeladen, einer fehlte, sprich, wir waren zu viert plus Anwalt. Die Richterin erklärte: Ich bin nicht bereit, den Prozess zu eröffnen, sonst muss ich die Anklage noch einmal vorlesen. Ich wurde stinksauer, warf ihr Arroganz vor und mit umschreibenden Worten Faulheit und ein schwächliches Verhalten. Schließlich waren wir fünf und mussten wohl oder übel erneut anreisen. Ich habe den Prozess gewonnen, und das ist mir komisch vorgekommen. Nach meiner frechen Rede hatte ich mit einer Niederlage gerechnet. Es ging um einen Subunternehmer, der mit illegalen Arbeitern gearbeitet hatte. Um die Größe des Prozesses zu erklären: Etwa hundert Mann vom Bundesgrenzschutz hatten die Baustelle abgeriegelt. Herausgekommen ist nichts. Schuld daran, dass ein paar Ausländer illegal gearbeitet hatten, waren die deutschen Zulassungsbehörden, die geschludert hatten. Diese Beamten wurden nicht bestraft."

Sein Geständnis – „Ich hab b'schisse, aber keiner het's g'merkt!" – verteidigt Louis: „Solange Steuerverschwender nicht büßen müssen und auch nicht bestraft werden, sondern nur Steuerbetrüger, mache ich weiter wie bisher: Ich ärgere die Beamten. Als Beispiele: Berliner Beamtenflugplatz, Elbphilharmonie, Nürburgring, Bundesnachrichtendienst Berlin, Erhöhung der Zahl der Bundestagsmitglieder und viele andere. Bei Steuersündern gibt es ab einer gewissen Größenordnung keine Bewährungszeit mehr, die Strafe muss abgesessen werden. Bei Schwerverbrechern finden unsere Richter immer noch einen Entlastungsgrund, der die Strafe abmildert."

Bei allem Gezeter über Politiker, Richter und Staatsanwälte bleibt, dass Oberstaatsanwalt Jürgen Collmann, der sich

2009 mit 65 Jahren in den Ruhestand verabschiedete, sein Lieblings-Feind war. „Wir haben uns nach dem Verfahren immer wieder unterhalten, der Collmann und ich", erzählt er. „Isch doch ä Schissdreck, was Sie do g'macht hän!", habe er ihm immer wieder gesagt, aber, schmunzelt er zufrieden: „Er will immer noch ä Kaffee mit mir trinke."

Und dann erzählt er einen seiner Lieblingswitze. „Oberstaatsanwalt C. will persönlich einer Fahrzeugkontrolle beiwohnen, um zu überprüfen, ob seine Leute ordentlich arbeiten. Sie beziehen Position auf einem Autobahnparkplatz, und bereits nach kurzer Zeit macht ein Beamter Meldung: ‚Herr C., ich glaube, wir haben einen ganz besonderen Fall! Ein Autofahrer spricht ganz komisches Deutsch und sein Fahrzeug hat einen technischen Fehler. Die Steuerung ist rechts.' Oberstaatsanwalt C. beauftragt ihn, den Kofferraum des Wagens zu durchsuchen und das Kennzeichen zu überprüfen. Aufgeregt überbringt der Kollege das Ergebnis: ‚Herr C., Herr C., das ist einer von uns! Der hat GB am Fahrzeug stehen und ist von der Griminalbolizei!' "

Fischer-Transporte auf dem Weg in den Irak: Was wurde geliefert?

HERTIE

Im Januar 1991 stellte sich der Bauunternehmer auf dem Offenburger Lindenplatz Friedensdemonstranten und wehrte sich gegen den Vorwurf, Saddam Hussein zu Scud-B-Raketen verholfen zu haben.

Fischer geht baden

„Offenburger Fischer-Bau beantragt Insolvenz“ titelte das „Offenburger Tageblatt“ in der Samstagsausgabe vom 29. November 2003. Als Grund nannte Insolvenzverwalter Stefano Buck von der Acherner Kanzlei Schultze & Braun die „völlig zusammengebrochene Baukonjunktur, die ruinösen Baupreise und die schlechte Zahlungsmoral der Kunden“. Zu Spitzenzeiten hatte die traditionsreiche Bauunternehmung 600 Mitarbeiter beschäftigt, jetzt zählte die gesamte Fischer-Gruppe (inklusive Fluggesellschaft) noch 170 Mitarbeiter. Betroffen von der Insolvenz waren 90 Mitarbeiter in Offenburg. Ihre Löhne und Gehälter zahlte für drei Monate das Arbeitsamt. „Zum Glück“, wurde Buck zitiert, „ist Fischer bisher nur mit den November Löhnen im Rückstand.“ Das Unternehmen hätte einen verbliebenen Auftragsbestand von 300.000 Euro und sollte vorerst fortgeführt werden.

„Ich hatte keine Lust mehr“, erklärt Louis Fischer, der die Firma jahrelang mit Privatvermögen unterstützt hatte. „Die Bauwirtschaft in Südbaden steckt bereits im achten Jahr in einer tiefen Krise“, hatte Bernd Stephan, Verbandspräsident der Bauwirtschaft Südbaden, bereits im Oktober 2003 in Freiburg geklagt. Zwei von drei Bauunternehmern zwischen Achern und dem Bodensee beurteilten die Lage als unbefriedigend. Zwar war 2001 das „Gesetz zur

Beschleunigung fälliger Zahlungen“ verabschiedet worden, doch auch ein Jahr später äußerten Unternehmen, dass nicht bezahlte Rechnungen und hohe Außenstände eine Bedrohung wären. „Schwierige Wirtschaftslage, restriktive Kreditpolitik und niedrige Eigenkapitalquote: Da sind gläubige Schuldner oft der Tropfen, der das Fass zum Überlaufen bringt“, sagte Martin Lamm, Präsident der Handwerkskammer Freiburg, und nannte Zahlen: 8,5 Prozent der Handwerksbetriebe wären durch hohe Außenstände akut in ihrer Existenz bedroht, auf dem Bau wären es mehr als 10 Prozent. Mehr als 35.000 Arbeitsplätze wären 2001 im Zuge außenstandsbedingter Insolvenz verloren gegangen. Zum Jahreswechsel 2002/03 gab die Hausacher Firma Himmelsbach Bau GmbH wegen Dumpingpreisen in der Branche und dem zurückgeschraubten Investitionsvolumen der Kommunen auf, ein knappes Jahr später die Fischer-Bau.

Louis Fischer war jetzt 74 Jahre alt. „Bis 70“, sagt er, „bin ich noch im Betrieb rumg’schprunge.“ Da die Söhne Ludwig und Matthias nicht in seine Fußstapfen getreten waren, hatte er familienfremde Geschäftsführer wie Hans-Rudolf Kälin oder Hartmut Hanselmann eingesetzt. „Die haben ein paar echte Fehler gemacht“, konstatiert er, ohne näher darauf einzugehen. Tatsache ist, die Geschäftsführer beherrschten nicht die Kunst der Alchemie, die Louis Fischer in den 80er und 90er Jahren nachgesagt wurde: Millionenaufträge im Iran, Irak und Algerien. Die Niederlassungen in Offenburg, Stuttgart und Radolfzell hatten für sieben-

und achtstellige Summen für öffentliche Hand, Wirtschaft und Privatinvestoren gebaut, darunter Hotels und ein Parkdeck im „Europa-Park", die Papierfabrik Koehler in Kehl, die St. Josefs-Klinik in Offenburg, den Technologiepark Karlsruhe, das Museum Frieder Burda in Arbeitsgemeinschaft mit Füssler und das AOK-Gebäude in Baden-Baden, Parkhäuser in Konstanz, eine Industriehalle für die Allweiler AG in Radolfzell. „In über zehnjähriger Zusammenarbeit konnten wir für mehr als sieben Millionen Mark Aufträge bei der Firma Allweiler abwickeln. Damit ist sie einer unserer großen Kunden in Radolfzell", schrieb Fischer 1983. Mit Unternehmer Adolf Merckle war Fischer Hauptaktionär des ältesten deutschen Pumpenherstellers, der mittlerweile unter Allweiler GmbH firmiert, im Besitz eines US-Unternehmens und europäischer Markt- und Technologieführer in den Marktsegmenten Schiffbau, Energieerzeugung und spezielle Industrieanwendungen ist. „Als ich den Merckle zum ersten Mal sah, fuhr er einen alten Mercedes, trug einen Konfirmandenanzug zu Lackschuhen und saß selbst hinterm Steuer. Es war ein komischer Kauz, obwohl er steinreich war", erinnert Louis Fischer. Der Geschäftsmann von der Schwäbischen Alb hatte ein Vermögen mit Generika verdient, und seine Unternehmensgruppe verfügte über ein vielfältiges Geflecht an Beteiligungen. 1994 erwarb er das 800 Hektar große Gut Hohen Luckow bei Rostock, das er aufwendig renovieren ließ und in dem die Teilnehmer des G8-Gipfels in Heiligendamm 2007 zu Gast waren. Zwei Jahre später beging Adolf Merckle Suizid. Aufgrund von

Finanzproblemen in seinem Unternehmensimperium legte er sich in der Nähe seines Wohnhauses in Blaubeuren vor einen Zug.

„Wenn ich wo drin war, hab ich immer ä bissli ebbs gekriegt“, erklärt Louis Fischer verschmitzt und erwähnt, dass er Aktien der „HeidelbergCement“ besaß, über die Adolf Merckle 2005 die Kontrolle übernahm, und stellvertretender Aufsichtsratsvorsitzender und Hauptaktionär der Karlsruher Sanatorium AG war. „Wir haben einen Pool mit Aktionären gegründet und zehn Kliniken gebaut“, erzählt Fischer. 1996 wurde die Mehrheit der Karlsruher Sanatorium AG von der Marseille-Kliniken AG (heute MK-Kliniken AG) übernommen, 2009 wieder verkauft. Schmankerl am Rande: Im Jahr 2000 hatte die MK-Kliniken AG gemeinsam mit Donald Trump und der Trump Organization die TD Trump Deutschland AG zur Planung und Vermarktung eines „Trump Towers“ in Deutschland gegründet. Als Standort waren Frankfurt, Berlin und letztlich Stuttgart geplant. Die TD Trump Deutschland AG wurde 2005 nach Streitigkeiten mit Trump und staatsanwaltlichen Ermittlungen aufgelöst.

Im Fall der SWEG (Südwestdeutsche Verkehrs-AG), für die Fischer in Weil am Rhein, Wiesloch, Müllheim und Endingen Busbetriebshöfe und Wartungshallen baute, lagen die Dinge etwas anders. SWEG-Vorstandschef Hansjörg Kraft charterte Fischers Flugzeug für einen Privatflug von Hannover nach Sylt, „den er bezahlte", wie der Bauunternehmer betont. Dass es sich um mehr umstrittene Flüge handelte, die sowohl Kraft als auch der frühere baden-württembergische Umwelt- und Verkehrsminister und SWEG-Aufsichtsratschef Hermann Schaufler auf Kosten anderer unternommen haben sollten, war Thema einer Gerichtsverhandlung im Dezember des Jahres 2000. Zeuge Louis Fischer erläuterte dem hohen Gericht, dass Rita Süssmuth, Helmut Rau und etliche andere sehr viel höhere Summen privat verflogen hätten als die beiden Angeklagten. Und dann provozierte er Richter Wolfgang Oswald: „Ich kann auch sagen, ich sage gar nichts, weil ich mein Ehrenwort gegeben habe. So hat das ja Herr Kohl gemacht, den ich sehr geschätzt habe." Schließlich gestand der Bauunternehmer doch ein, Hansjörg Kraft 45.000 Mark aus seinem Privatvermögen überlassen zu haben. Es sei ihm klar gewesen, dass das Geld für den SSV Reutlingen bestimmt war. Tatsächlich aber brauchte Kraft die Summe, um eine Spende an den SSV Reutlingen aus der SWEG-Kasse auszugleichen, die vom Landesrechnungshof beanstandet worden war. Warum einige Monate später über diese Summe ein Darlehensvertrag zwischen dem Fischer Louis und Hansjörg Kraft abgeschlossen wurde, begründete der Geldgeber folgendermaßen: Zu der Zeit sei ihm vorgeworfen worden, dass er Saddam Hussein geholfen habe, Scud-Raketen zu bauen. Außerdem sei er für Spenden an den Offenburger Fußballverein vor den Kadi gezerrt worden. Deshalb habe er nicht erneut wegen einer

Fußballspende ins Zwielicht geraten wollen. So habe man das Ganze als Darlehen vereinbart. Zu 2,5 Prozent Zinsen, rückzahlbar ab Mai 2000. Als das Gericht sich über den hemdsärmeligen Umgang mit Spenden wunderte, klärte Fischer die Juristen auf: „Ich spende öfter mal was, aber privat. Ich kann mir das nämlich eher leisten als die Firma. Wenn es mir Spaß macht, Herr Richter, dann gebe ich Ihnen 100.000 Mark." Wolfgang Oswald lehnte dankend ab.

Die Zahlen der Ludwig Fischer Baugesellschaft mbH in Berlin konnten sich ebenfalls sehen lassen. Die Kulturbrauerei am Prenzlauer Berg, eine Reha-Klinik in Berlitz, das Evangelische Johannesstift in Spandau, das Zentrum für Zukunftsenergie am Stralauer Platz, die Justizvollzugsanstalt Tegel, ein Tunnel, Messehallen, Wohnblocks in der Uhlandstraße, der Umbau des Hotels Kempinski („Dort habe ich immer gewohnt.") und Aufträge von Verlagshäusern füllten die Kasse. Die Frankfurter Allgemeine Zeitung GmbH ließ eine neue Druckerei in Potsdam errichten. Für Verleger Hubert Burda baute er das Haus der DDR-Nachrichtenagentur ADN in Berlin-Mitte zu schicken Redaktionsräumen für die „Superillu" um, in einem ehemaligen Betonplattenwerk in Vogelsdorf sollte eine moderne Druckerei entstehen. Der australische Medientycoon Rupert Murdoch lieferte die Druckmaschinen. „Die waren so alt, dass man sie am besten sofort ins Deutsche Museum nach München gebracht hätte", unkt Fischer, gesteht aber zu: „Das Grundstück war eine gute Investition."

Die Axel Springer AG orderte 1991 eine „Riesendruckerei" in Spandau, Auftragsvolumen für den Rohbau: 48.100.000 Deutsche Mark. In der Betriebszeitung war zu lesen: „Fischer Bau konnte seinen größten Rohbau-Auftrag im Inland an Land ziehen. Die Dimensionen erinnern an vergangene Tage im Irak." Auf der 10.000 Quadratmeter großen Baustelle waren 120 Mitarbeiter und sechs Hochbaukräne im Einsatz. Ein Jahr später folgte für die Ludwig Fischer Bau Berlin der Zuschlag für den um 90 Grad versetzten zweiten Flügel des Axel-Springer-Hochhauses zur Lindenstraße, der durch seine ganzflächige Verglasung dominiert. Sein Auftraggeber war Bernhard Servatius, damals enger Berater von Friede Springer und Aufsichtsratsvorsitzender der Axel Springer AG, den Louis Fischer bei der Beerdigung von Franz Burda junior im Januar 2017 in Offenburg wieder traf: „Wir haben uns nett unterhalten." Zwischen 1959 und 1965 war mit dem quer zur damaligen Kochstraße stehenden goldfarbenen Gebäudeteil nach Plänen der Architekten Melchiorre Bega und Gino Franzi aus Mailand sowie Franz Heinrich Sobotka und Gustav Müller aus Berlin der erste Flügel des heutigen Springer-Hauses entstanden. Der Medienmogul hatte sein Verlagsgebäude mitten auf den Südabschnitt der Jerusalemer Straße gebaut und bezeichnete dies als einen symbolischen Akt: „Dass wir, wenn wir in die Kochstraße gehen, nicht nur in ein neues, schönes, großes Gebäude gehen – nicht nur in das historische Zeitungsviertel von Berlin: Wir gehen in der Kochstraße auch einen Weg nach Deutschland, wenn man darunter versteht, dass es nicht lohnt, auf dieser Welt hohe Häuser für Zeitungen zu bauen, wenn man nicht eine Idee hat, die größer ist, als wir alle es selbst sind. Eine Idee, die heißt: Freiheit für alle Deutschen in einem Vaterlande mit der rechtmäßigen Hauptstadt Berlin und inmitten eines friedlichen Europa!" Damals hatte niemand geglaubt, dass er recht behalten sollte. In der Bundestagsdebatte über den Regierungsumzug 1991 von Bonn nach Berlin gestand SPD-Politiker Peter Glotz sechs Jahre nach dem Tod des Verlegers: „Als Axel Springer das große Haus seines Verlages an die Mauer gebaut hat, da haben ihn viele Deutsche und auch ich für einen Phantasten gehalten. Ich bin bereit einzuräumen, dass Springers Hoffnung größer war als das, was ich für meinen Realismus gehalten habe."

Die Lindenstraße ist eine Straße im Berliner Ortsteil Kreuzberg. Sie verläuft von der Zossener Brücke über den Landwehrkanal bis zur Kreuzung mit der Rudi-Dutschke-Straße (ehemals Kochstraße) / Oranienstraße. Dahinter führt sie seit 1996 als Axel-Springer-Straße zum östlichen Ende der Leipziger Straße am Spittelmarkt. Ebenfalls in der Lindenstraße liegt ein zweites Großprojekt der Berliner Fischer Bau: Am 9. September 2001 wurde in Berlin das Jüdische Museum mit einem festlichen Konzert unter der Leitung von Daniel Barenboim eröffnet. Mit seinem Entwurf „Between the Lines" wollte der US-amerikanische Architekt Daniel Libeskind nicht einfach ein Museumsgebäude gestalten, sondern deutsch-jüdische

Geschichte erzählen. Den Grundriss entwickelte er aus zwei Linien: der sichtbaren Zick-Zack-Linie des Gebäudes und einer unsichtbaren geraden Linie. An den Kreuzungspunkten liegen die „Voids“, Leerräume, die das Gebäude vom Untergeschoss bis zum Dach durchziehen. Libeskind selbst nennt für seinen Entwurf vier Inspirationsquellen: Für die Verbindung zwischen jüdischer Tradition und deutscher Kultur vor der Schoah stehen jüdische und nichtjüdische Berliner Persönlichkeiten wie Paul Celan, Max Liebermann, Heinrich von Kleist, Rahel Varnhagen oder Friedrich Hegel. Aus deren Adressen entstand ein Liniennetz, aus dem Libeskind die Struktur des Gebäudes und der Fenster entwickelte. Bei einem Vortrag vor mehr als 1.000 Zuhörern in der Offenburger Oberrheinhalle am 31. Oktober 2018 stellte der Architekt, 1946 in Lodz geboren, sein erstes Projekt noch einmal vor. Es war der 89. Geburtstag von Louis Fischer. Und Libeskind rief in die Menge: „Herzlichen Glückwunsch und alles Gute! Er hat das Museum in Berlin gebaut!“

„Des war ein super Ding! Mit alle Fürz, die sich ein Wettbewerbsarchitekt hät ausdenke könne“, berichtet der Bauunternehmer und ist überzeugt: „Des hette nit viele mache könne.“ Es freut ihn noch heute, dass er den Zuschlag für die Ausführung erhielt. Nach diesem Meisterwerk, „das aufregendste Gebäude seit Jahrzehnten“ („Die Welt“), zog er sich aus Berlin zurück. „Mit der Wiedervereinigung kam von überall her Konkurrenz. Darauf konnte ich verzichten", so Fischer. 2014 wurde die Ludwig Fischer Baugesellschaft mbH in Berlin aufgelöst. Die Baukrise im Süden Deutschlands hatte bereits zur Schließung der Niederlassung in Radolfzell im Jahr 2002 geführt; die Auflösung der Vertragsbau Stuttgart war schon 1988 erfolgt. Ausländische Unternehmungen finanzierte er mittlerweile von der Schweiz aus. Zum Ende des Jahrtausends war er mit den Tochterfirmen „Fischer-Samba" und „Red Med" in Algier und in dem Erdölgebiet Hassi Mesaoud in der nördlichen Sahara präsent. In Kooperation mit dem Baumaschinenhersteller Liebherr vermietete Fischer an die Erdölfirmen Kräne und anderes schweres Gerät.

Gerne hätte Louis Fischer sein Stammhaus in Offenburg gestärkt, doch Aufträge blieben aus. Die neue Justizvollzugsanstalt auf dem Königswaldfeld, ein Multiplex-Kino in Elgersweier konnte er nicht verwirklichen, auf den Bau eines Sportzentrums auf dem ehemaligen Kasernengelände „La Horie" verzichtete er aus eigenen Stücken. Dem Burda-Hochhaus, das er Anfang der 60er Jahre gebaut hatte, wurde von der Konkurrenz ein Facelift verpasst. Am 11. Oktober 1999 schickte er ein Gesprächsangebot an Jürgen Todenhöfer, damals zweiter Mann nach Verleger Hubert Burda: „Es gibt in Ihrem Haus Stimmen, die mit dem ‚Fischer Louis' nicht ganz zufrieden sind. Man erzählt sich, die Firma Fischer würde von ‚Hubert' nie mehr einen Auftrag erhalten. Hauptgrund sei auch der Kauf des ‚Langen Franz ' durch mich. Der Kaufpreis sei wesentlich zu niedrig gewesen und ‚Schlitzohr' Fischer hätte die Geschäftsleitung des Hauses Burda hereingelegt. Sollte Hubert tatsächlich dieser Meinung sein, so erkläre ich mich bereit, den ‚Langen Franz' wieder zum gleichen Preis zusätzlich mir entstandener Nebenkosten zurückzugeben ... Ich bin sicher, dass Ihnen derzeit niemand mehr als 4,0 Mio DM für den ‚Langen Franz' bezahlt. Die Besserwisser (auf badisch ‚Klugscheißer') in Ihrem Hause mögen bedenken, dass Sie im ‚Langen Franz' im Durchschnitt DM 6,0 pro qm Miete bezahlen; gemessen an den Mietpreisen, die Sie im Medienpark verrechnen, etwa ¼. Mein Angebot, den ‚Langen Franz' an Sie zurückzugeben, muss ich natürlich zeitlich eingrenzen. Ich bin derzeit in Vorbereitung, den ‚Langen Franz' anderweitig zu verwerten. Deswegen gilt mein Angebot bis Ende Oktober 1999. Ich sehe unserem Gespräch mit großer Freude und Erwartung entgegen." Zu einer Einigung kam es nicht. Vielmehr berichtete die „Mittelbadische Presse" 2003, dass die 6,5 Millionen teure Sanierung des „Langen Franz" abgeschlossen wäre und Louis Fischer das Hochhaus, das er 1996 erworben hatte, neu vermarkten wollte. Der „Lange Franz", so hieß es, wäre herausgeputzt: „Fliederfarben und rot bekennt das bisher betongraue Hochhaus Farbe." Das 14-stöckige Gebäude war komplett entkernt worden, die Fassade wärmegedämmt, sämtliche Installationen erneuert, die beiden Aufzüge ersetzt und neue Parkplätze angelegt worden. Jetzt wurden Büros und Wohnungen zum Kauf oder zur Miete angeboten.

Im November 2003 waren es nur noch fünf Baustellen, auf denen die Offenburger Fischer-Leute Arbeit hatten, so dass der Unternehmer die Reißleine zog. „Ich hatte noch Schulden bei Sparkassen", erinnert er, „und habe am selben Tag alle beglichen. Das waren 600.000 Euro. Auch die Kleinhandwerker habe ich abgelöst." Doch auch sechs Wochen nach dem Insolvenzantrag gab es für die 90 Mitarbeiter des Bauunternehmens keine greifbare Perspektive. Insolvenzverwalter Stefano Buck sagte gegenüber der Presse: „Die Suche nach einem Investor läuft noch." Zwar wäre das 135 Jahre alte Unternehmen zum Schnäppchenpreis von 750.000 Euro zu erwerben – zur Fortführung des Baugeschäfts wären jedoch Bankbürgschaften von „mindestens fünf bis zehn Millionen Euro" vonnöten. Der niedrige Auftragsbestand und Kündigungsschutzrechte durch lange Betriebszugehörigkeiten schreckten Investoren zudem ab. „Wirklich gut haben es bei der Fischer-Insolvenz nur die Banken getroffen", resümierte das „Offenburger Tageblatt". Da Ludwig Fischer für Kredite persönlich geradegestanden hätte, erreichte die Höhe der Verbindlichkeiten nicht einmal eine Million Euro. Löwenanteil waren die Pensionsverpflichtungen, die vom Pensionssicherungsverein abgedeckt wurden.

„Mit dieser Pensionskasse hatte ich mich übernommen", wertet er im Nachhinein. Ursprüngliche Idee sei gewesen, dass seine Ruheständler maximal 200 Mark im Monat bekämen, um ihre Stammtischrunden pflegen zu können.

Auch Witwen sollten versorgt sein. „Irgendwann musste ich 200.000 Mark im Jahr in die Pensionskasse zahlen", rechnet Fischer, „die Altersversorgung wurde immer teurer." Heute beruhigt es ihn, dass er eine Versicherung abgeschlossen hatte und seine Leute weiter profitieren.

„Wenn ein Betrieb mit drei Leuten Pleite macht, zeigt niemand Interesse, handelt es sich um zwanzig Arbeitsplätze, erscheint ein Artikel in der Tagespresse. Betrifft's mehr als hundert Mitarbeiter, wird der Betrieb gerettet", ist er überzeugt, ganz nach dem Motto: „Too big to fail."

Es kam kein Rettungsengel. „Ich habe keinen Käufer gefunden", bedauert Louis Fischer und unterstützte Ende Februar 2004 mit den Firmen Rendler-Bau (Oberkirch) und Doll (Bad Peterstal-Griesbach) die Gründung der Fischer-Bau GmbH. Mitgesellschafter und Namensgeber war sein Sohn Matthias Fischer. „Wir wollen damit das Vakuum füllen, das in Offenburg durch die Insolvenz der Louis Fischer-Bauunternehmung entstanden ist", erklärte Klaus Rendler. Und Louis Fischer war froh, seine Leute versorgt zu wissen. „Alle konnten übernommen werden", sagt er. 2008 wurden die Fischer-Anteile an Rendler verkauft. Seit 2014 firmieren alle drei Bauunternehmen unter Rendler Bau GmbH mit Sitz in Offenburg. Louis Fischer ist weiterhin alleiniger Inhaber der Ludwig Fischer Immobilienverwaltung in Offenburg, Geschäftsführer ist sein Sohn Matthias Louis.

Die Fischer Flug GmbH war 2007 aufgelöst, bereits zwei Jahre zuvor die firmeneigene „Beech B300“ verkauft worden. Das zweimotorige Geschäftsreise- und Mehrzweckflugzeug mit Einziehfahrwerk, Druckkabine und Propellerturbinen, auch „Super Air King“ genannt, konnte laut Louis acht Passagiere ohne Gepäck befördern. „Wir sind damit in den Irak geflogen“, erzählt er, „und haben wichtige Ersatzteile runtergebracht.“ Zwischengelandet und nachgetankt wurde auf Zypern. Chefpilot war Herbert Witzinowski, Co-Pilot oft Louis Fischer selbst. Wurde die Turboprop nicht firmenintern benötigt, kam sie im Charterverkehr zum Einsatz. Mit einer einmotorigen Cessna, die er sich von der Fliegergruppe Offenburg lieh, flog Fischer nach Konstanz, um die Radolfzeller Niederlassung zu besuchen, und auch in der Luft mangelte es am nötigen Ernst. „Ich war ä Fahrkart hole“, grinst er und erläutert: „So hieß das, wenn du bei schlechtem Wetter so tief geflogen bist, dass die Schilder an den Bahnhöfen zu sehen waren.“ Dafür nahm er eine Überflughöhe von hundert Metern in Kauf. Die Mindestflughöhe für die Europäische Union beträgt dreihundert Meter über dem höchsten Hindernis im Umkreis von sechshundert Metern. Außer dem Motor- besaß Louis Fischer auch den Segelflugschein. Die Prüfung hatte er in Offenburg abgelegt, und er beschreibt das Ritual, das einen frischgebackenen Segelflieger damals auf dem Flugplatz erwartete: „Man bekam eine auf den Arsch gehauen.“ Das war natürlich steigerungsfähig. „Wenn ihr eine Runde ausgebt, lass ich die Hosen runter!", versprach Louis und präsentierte sich neben dem Segelflugzeug namens „Offenburg" mit nacktem Hinterteil. „Der Fischer frisst au Würm, wenn ihr ihm was gebt!", unkten die Fliegerkollegen. Und prompt buddelte der Herausgeforderte einen Regenwurm aus der noch nicht asphaltierten Piste. „Ich hab ihn g'fresse un ä Kischt Bier bekomme", frohlockt er. Getrunken wurde der Gerstensaft gemeinsam im Vereinsheim.

Im Höhenrausch flog Louis Rallyes und wurde sogar zweiter deutscher Amateurmeister. Heute chartert er ein Flugzeug, wenn er vom Flugplatz Buochs, 15 Fahrminuten vom Bürgenstock Resort entfernt, zum Aéroport Cannes Mandelieu fliegen möchte. Auch von hier aus beträgt die Fahrzeit zum Feriendomizil nur eine Viertelstunde. „Franz Burda war es, der mich überredet hat, hier unten was zu kaufen", erzählt Fischer. Mit dem um drei Jahre Jüngeren war er seit Schulzeiten gut befreundet. Damals hatte Franz die Fehldrucke von Briefmarken, die sein Vater, der Senator, für die Franzosen produzierte, an Klassenkameraden vertickt. Franz Burda bewohnte seit den 90er Jahren die Villa „Artemis" am Boulevard du Cap in Antibes, die seine Eltern 1968 erbaut hatten. Lange suchten Gerlinde und Louis Fischer nach einem geeigneten Haus und wurden im Jahr 2000 im Picasso-Ort Mougins fündig. Hier kann Fischer im wohltemperierten Pool des nicht einsehbaren Gartens entspannt baden gehen.

2001 wurde das Jüdische Museum in Berlin eingeweiht. Die Entwürfe für den Zickzack-Bau stammen von dem US-amerikanischen Architekten Daniel Libeskind. Die Berliner Fischer Bau realisierte das „aufregendste Gebäude seit Jahrzehnten" („Die Welt").

Unruhestand

1128 Meter über dem Meeresspiegel liegt der Gipfel des Bürgenstocks, 150 Meter tiefer der Kurort gleichen Namens, den Louis Fischer für seinen Altersruhesitz gewählt hat. Hier geht er täglich walken, fährt mit dem eigenen Golfcart zum Golfclub mit atemberaubender Bergkulisse. Drahtig wirkt er, noch immer sehr sportlich und natürlich auch verschmitzt, wenn die Augen unter der Mütze funkeln, die Nase sich kräuselt und er von seinen Abenteuern in den verschiedensten Disziplinen erzählt, inklusive Lumpereien, die er stolz zum Besten gibt.

Zum 69. Geburtstag im Jahr 1998 produzierten Freunde die Zeitung „The Spirit of St. Louis" und verrieten darin, wie Fischer zum Golfsport gekommen ist: „Die Golferszene betrat er mit einem historischen Teppichschlag. Oktober 1984: feucht-fröhlicher Golfball im Dorint-Hotel Offenburg. Und wo gefeiert wird, ist natürlich Partykönig Luigi nicht weit. So ganz im Spaß macht er im Saal einen kraftvollen Golfschwung. Erfolg: ein ansehnliches Loch im Teppichboden des feinen Dorint-Hotels. Das Golfer-Fachwort Divot kannte der Louis damals noch nicht. Aber er fand Gefallen an dieser lustigen Bewegungssportart.Noch am selben Abend erklärte er auf seiner Speisekarte seinen Beitritt im Golfclub Ortenau. Er wurde Golfer und spezialisierte sich sofort auf die Sparte Zocken."

Fischer selbst erinnert: „Man erzählte mir, es sei ein toller Sport. Laut amerikanischer Klassifizierungslust war Golf nach Stabhochsprung die zweitschwierigste Sportart. Ich weiß nicht, ob die Amerikaner die Erwerbsmöglichkeiten dieser Spielart oder das Sportliche damit meinten." Eines aber stand von Anfang an für ihn fest: „Golf ist mit Sicherheit der Sport, in dem am meisten beschissen wird. Es gibt Spieler, die haben noch nie einen Ball verloren." Zu seinem Freund und Golf-Mentor Wilhelm Rubin von der Rubin-Mühle in Lahr sagte er: „Die B'schisserei regt mich uff!" Umso mehr, da er selbst unter besonderer Beobachtung stand. „Im B'schisse war ich immer ä Weltmeischter!", betont Louis nicht ohne Stolz und bot Rubin eine Wette um sechs Flaschen Champagner an. Er wollte beweisen, dass er auf dem Platz jeden betrügen konnte, ohne aufzufliegen, ganz gleich, wie gut oder erfahren der Spieler war. Die Wahl seines Gegners überließ er Wilhelm Rubin. Dieser lud die Gutacher Nähseiden-Königin Marietta Gütermann ein. Bereits 1924 hatte die Familie Gütermann einen Golfplatz in dem Schwarzwaldort gebaut. Marietta war Mitglied der Nationalmannschaft, zehnfache deutsche Meisterin und laut Louis eine „verrückte alte Geiß". Man traf sich im Golfclub Soufflenheim auf der französischen Rheinseite. „Ich b'scheiß sie, un sie merkt's nit", flüsterte Fischer seinem Freund zu. Er hatte einen Putter präpariert, indem er ihn anbohrte und mit einem Magneten bestückte. Und sein Plan ging auf: „Beim Golf muss der Ball, wenn er auf dem Green liegt, markiert werden. Der Marker kann aus Blech oder Stahl sein, mein Marker war aus Stahl. Ich konnte also mit meinem Magnet-Putter den Marker aufnehmen und woanders ablegen, indem ich ihn abstreifte. Natürlich konnte ich ihn günstiger legen, also näher zum Loch.“ Marietta Gütermann bemerkte den Schwindel nicht. Louis Fischer hatte seine Wette gewonnen. „Der alte Strolch Wilhelm sagte: Wir hätten es Frau Gütermann vorher sagen müssen, dann hätte sie aufgepasst. Ich habe ihr meinen Trick erst hinterher verraten und sie hat nur gelacht“, frohlockt Fischer und gesteht: „Ich habe noch andere Beschiss-Geräte erfunden.“ Allerdings bleiben diese sein Geheimnis: „Sonst kann ich sie nicht mehr gebrauchen.“

Überall, wo er auftaucht, müssen Freunde und Fremde gewappnet sein. Er, der stets großzügig einlädt und Trinkgeld gibt, prellt den Wirt schon mal um einen Silberlöffel oder einen Salzstreuer, der sich dann in Sakko- oder Handtasche eines Gastes wiederfindet und in der Regel erst Stunden später entdeckt wird. Es sind die kleinen Dinge, die Ludwig Fischer Freude bereiten und ihn im Alltag erheitern. So hat er es sich zur Gewohnheit gemacht, in der ruhigen Privatdomaine nahe Mougins, in der Villen und Besitzer hinter Mauern und üppiger mediterraner Vegetation Diskretion genießen, die Wachhunde an den imposanten Toren zu manipulieren. Jeden Morgen, wenn er mit Poloshirt, kurzen Hosen, Laufschuhen und Sonnenhut sein Feriendomizil verlässt, hat er ein Päckchen bester südfranzösischer Charcuterie dabei, mit dem er die laut bellenden

Haushüter zu besänftigen versucht. „Ein paar sind schon meine Freunde“, erklärt Louis treuherzig.

Doch so wohl er sich im Midi auch fühlt, am liebsten ist Fischer in der Schweiz. Nachdem er anfangs in Ennetbürgen zur Miete gewohnt hatte, erwarb er eine exklusive Wohnung in einer Nobelresidenz des Bürgenstock Resorts, die er im Jahr 2003 mit Gerlinde bezog. Zum Einzug lud das Paar zu einem großen Willkommensfest. Das Motto – „Der Freude eine Gasse!“ – war angelehnt an „Der Freiheit eine Gasse!“: Nach der Legende hatte der österreichische Herzog Leopold III. im Juli 1386 versucht, die Schweizer Eidgenossen mit kriegerischer Gewalt zur Unterwerfung zu zwingen, doch der Plan schlug fehl. Zuerst sah es so aus, als wenn das Fußvolk gegen die geschlossene und gepanzerte Phalanx der Österreicher nichts ausrichten könnte. Doch mit dem Ruf „Der Freiheit eine Gasse!“ soll Arnold Winkelried so viele feindliche Lanzen wie möglich auf den eigenen Leib gezogen und damit die geschlossene Reihe der Österreicher durchbrochen haben, so dass die Eidgenossen den Feind von innen angreifen und so besiegen konnten.

Die Schlacht, die Fischer und Freunde schlugen, dauerte zwei Tage. Eine Schifffahrt auf dem Vierwaldstätter See war Programmpunkt, ebenso ein Galaabend im 1991 erbauten „Park Hotel“, das als eine der ersten Adressen der Schweiz galt und in dem schon Sophia Loren, Audrey Hepburn und Sean Connery zu Gast waren, und das 2017 als Teil der „Bürgenstock Hotels & Resort“ wiedereröffnet wurde. Einem Spieletag mit Golf und Darts folgte ein krönender Abschluss mit den „Wieberbuabe“ aus Kappel-Grafenhausen und Zirkuspfarrer Ernst Heller mit Klarinette und seinen „Heu-obe-n-abe“, was soviel heißt wie alles Heu von der Bühne schmeißen, sprich, eine Gaudi machen. Der „Clown Gottes“, wie Heller genannt wird, war lange im Europa-Park aktiv; hier fand Fischer auch Gefallen an den fünf Volksmusikanten vom Oberrhein. Das ausgelassene Fest bleibt allen unvergessen, „besonders dem Schmid Reiner“, grinst Louis, „dem hab’ ich eine Beate-Uhse-Pupp ins Bett g’legt!“

Seit 2011 besitzt Fischer die Schweizer Staatsbürgerschaft, seinen deutschen Pass will er nicht mehr verlängern lassen. „Die Schweiz ist die einzige Volksdemokratie auf der Welt“, schwärmt er und schränkt zwinkernd ein: „Das wird der Putin auch von Russland behaupten.“ Die Alpenrepublik sei steuerlich interessanter und die Politiker stünden besser unter Beobachtung als in Deutschland, zählt er die Vorteile der Wahlheimat auf. „Mir geht’s hier hervorragend“, zeigt sich Louis Fischer zufrieden. In Offenburg besitzt er zwar noch Immobilien, wohnen will er in der Heimatstadt aber nicht mehr. Dabei war er in jungen Jahren sogar in der Lokalpolitik engagiert. Von 1965 bis 1971 und von 1975 bis 1980 war der Unternehmer Mitglied des Gemeinderats. „In der ersten Periode waren wir nur 24 Stadträte“, erinnert Louis, der den Kollegen Rudolf Moosbrugger, der vierzig Jahre für die CDU im Rat saß, gerne aufzog: „Moosbrugger, wenn du dich nit zu Wort meldesch, wirsch immer widder g'wählt!" Auch in der Runde im ehrwürdigen alten Sitzungssaal des Rathauses hielt Fischer nicht hinterm Berg. Als die Vorgehensweise gegen ein Bordell in Offenburg diskutiert wurde, meldete er sich als „Puff-Experte". „Ich hab ä Zwölferkart,' zwei Eintritte sin noch frei!", offerierte er den Ratsmitgliedern und erläuterte die Vorteile eines derartigen Etablissements: „Das ist eine Maßnahme gegen Vergewaltigung! Auch die französischen Soldaten müssen irgendwo hingehen." Bürgermeister End ermahnte Louis, die Würde des Hauses zu achten. Letztendlich bezahlte Fischer fünfzig Mark Strafe für sein loses Mundwerk. Der Spaß an der Politik war ihm bald vergangen, das Geschäft war zu ernst und zu zeitaufwendig. Klaus Faller, der von 1953 bis 1980 für die CDU im Stadtrat saß, war es, der ihn zu einer zweiten Amtsperiode überredete. Zu seinen Bedingungen lenkte Louis ein: „Ich komme nie in eine Fraktionssitzung, ich bekomme das Papier zum Durchlesen und es herrscht kein Fraktionszwang!" Seinen Obolus, den er als Kommunalpolitiker erhielt, spendete Fischer stets für einen guten Zweck.

Nicht nur mit Geld, sondern auch mit Manpower unterstützte Louis Fischer 1989 ein Projekt, das Aenne und Hubert Burda zugunsten der Erdbebenregion im Norden Armeniens initiiert hatten. Dort waren 150.000 Menschen aufgrund eines Bebens obdachlos geworden und die medizinische Versorgung war katastrophal. Eine neue Poliklinik in Leninakan, finanziert aus Deutschland, sollte gebaut werden. „Ein deutscher Fachmann muss jetzt rüber und dafür sorgen, dass der Beton gut und das Fundament richtig gegossen wird“, schrieb Johannes Schulze, Verlagsleiter Ausland der Burda GmbH, im Oktober 1989 in der „Mittelbadischen Presse“. Er fragte bei Louis Fischer an, und dieser beorderte umgehend Matthias Butz in die Krisenregion. Schulze bedankte sich herzlich: „So dankbar wir Herrn Butz sind, dass er die Strapazen auf sich nimmt, so dankbar bin ich Ihnen persönlich, dass Sie Herrn Butz so spontan und unkompliziert für diese Mission freigestellt haben. Wer einmal da unten war, weiß, wie dringend notwendig die Bevölkerung der Hilfe bedarf.“

Sein soziales Engagement hängte Louis nie an die große Glocke. Kaum jemand weiß, dass er einen Kindergarten in Burkina Faso finanziert und diesen regelmäßig unterstützt. „École maternelle Louis“ heißt die Einrichtung in Ouagadougou, mit mehr als zwei Millionen Einwohnern Hauptstadt der ehemaligen französischen Kolonie Obervolta. Diplom-Ingenieur Karl Baumann, der für Fischer einst Baustellen in Algerien geleitet hat und heute am Bodensee lebt, betreut mit Ehefrau Regina das Projekt. Die Kinder, die aufgenommen werden, sind meist Waisen. Im Kindergarten können sie unbeschwert spielen, erhalten täglich eine warme Mahlzeit und saubere Kleidung. Alle tragen sie T-Shirts mit dem Schriftzug „Louis“ auf der Brust.

Der Namensgeber selbst reist nicht nach Burkina Faso. Mit einer Jahresdurchschnittstemperatur von fast 30 Grad ist es ihm dort zu heiß. Umso mehr freut er sich über Fotos und Berichte, die ihm Regina und Karl Baumann von ihren Besuchen in Ouagadougou mitbringen. Fischer fährt regelmäßig in den Europa-Park nach Rust, wo seine Firma viele Hotels und andere Bauten errichtet hat, residiert dort mit Ehefrau Gerlinde in einer Suite und trifft sich mit seinen Kindern, Enkeln und Urenkeln. Besondere Freude bereitet ihm, dass Luckis Tochter Carina den jüngsten Sproß nach ihm benannt hat. Der kleine Louis kam wenige Tage nach seinem 89. Geburtstag zur Welt.

Die Familie ist ihm wichtig. Und so gehört zu jedem Park-Aufenthalt auch ein Abstecher nach Offenburg, zu Schwester Hanne, die noch immer in der Hauptstraße 126 lebt, wo Louis aufgewachsen ist. Ihre Wohnung ist ein kleines Museum mit Erinnerungsstücken aus Jahrzehnten. Hanne Schmid hält an Traditionen fest und ist eine treue Seele. So erzählt sie, dass die Mutter, die immer zwei „Mädle" im Haushalt hatte, eines Tages „die Helen aus Ödsbach" einstellte: „Sie kam in Tracht und mit Flechtzöpfen." Die Mutter starb – und Helen blieb. Bis zu ihrem Tod 1987 wohnte sie bei Hanne Schmid und half, nach ihren Möglichkeiten, im Haushalt.

Bereits vor der Haustür im Hof des Anwesens in der Kinzigvorstadt ist Hannes Sinn für Historisches zu erkennen.

Dort steht eine Glocke namens „Ludovicus“ mit der Inschrift: „St. Ludwig bin ich genannt, ruf laut über Stadt und Land. Gott allein sei die Ehr’. Er uns den Frieden mehr’!“ Louis Fischer tätschelt die Glocke und sagt: „Das ist das sogenannte Silberglöckle, das mein Großvater gestiftet hat, als er die Dreifaltigkeitskirche baute.“ Im 1951 publizierten Band „Offenburg. Aus der Geschichte einer Reichsstadt“ ist nachzulesen: „Die katholische Pfarrei war gegen Ende des 19. Jahrhunderts auf annähernd 10.000 Seelen gestiegen. Die Verlegung des Infanterie-Regiments 170 in unsere Stadt verschärfte die Kirchennot. Deshalb befasste sich der damalige Stadtpfarrer Emil Ritzenthaler mit dem Plan, eine neue Kirche zu erbauen. Auf seine Bitten überließ die Stadtverwaltung auf dem alten Friedhof zwischen Wilhelm- und Friedrichstraße unentgeltlich einen Bauplatz.“ Und Fischer erzählt: „Dreihundert Steinhauer hat der Großvater damals beschäftigt. Damals kamen die ersten Italiener nach Offenburg.“ Drei Wochen vor der Kirchweihe wurde am 27. September 1908 das Geläut der neuen Oststadtkirche zur „Heiligen Dreifaltigkeit“ geweiht. Über die fünf Glocken schrieb der damalige Pfarrkurat August Karle: „Das wegen seines musikalischen Kunstwertes geschätzte Geläute hat die Firma Bachert aus Karlsruhe geliefert. Die Kosten von 16.167,92 Mark sind durch milde Gaben gedeckt worden.“ Zwei Glocken stiftete „Sonne“-Wirt Karl Schimpf, eine Rosa Kern, eine weitere die Eisenbahner und die fünfte und mit 340 Kilogramm kleinste Glocke Bauunternehmer Ludwig Fischer.

Der Stifter durfte den Namen der Glocke bestimmen und so wählte Louis' Großvater „Ludovicus" nach dem französischen König Ludwig IX., auch „Ludwig der Heilige" genannt. Der tieffromme und 1297 heiliggesprochene Monarch ist auf der Glocke abgebildet, das Schwert in der Rechten, die Dornenkrone Christi in der Linken. 1940 wurden die Glocken der „Dreifaltigkeit" bis auf eine beschlagnahmt und eingeschmolzen. „Für Kanonen", wie Louis sagt und ergänzt: „Das kleinste Glöckle, das zum Rosenkranz oder zu Beerdigungen läutete, durfte bleiben." Neun Jahre später erhielt die Kirche ein neues Glockenwerk. Die Ludovicus-Glocke wurde auf einem Glockenfriedhof in Karlsruhe entsorgt. „Eines Tages kam eine Kundin und erzählte mir davon", berichtet Hanne Schmid. Sie habe die Glocke als „Familien-Erinnerung" für 8.000 Mark gekauft und mit einem Fischer-Lastwagen zurück nach Offenburg transportieren lassen. Zur Platzierung im Hof gab's ein großes Fest. „O rex gloriae christe, veni cum pace" – „Oh König der Ehren, komme mit Frieden!" –, lautet das uralte Glockengebet auf der Rückseite. Und Louis Fischer zitiert ohne nachzudenken aus Friedrich Schillers „Lied von der Glocke": „Fest gemauert in der Erden steht die Form, aus Lehm gebrannt. Heute muss die Glocke werden. Frisch Gesellen, seid zur Hand ..." Und Gerlinde nimmt den Faden auf: „Das ist's ja, was den Menschen zieret, und dazu ward ihm der Verstand, daß er im innern Herzen spüret, was er erschafft mit seiner Hand." Sie sind ein eingespieltes Team, der Fischer und seine Frau.

Vom Sehen kannten sich Gerlinde und Louis bereits in den 80er Jahren. „Wir sind uns bei Geburtstagen von gemeinsamen Bekannten oder auf der Tribüne des OFV begegnet“, erzählt Gerlinde Fischer, die damals noch mit ihrem ersten Mann verheiratet war. Anfang der 90er Jahre, sie war wieder Single und arbeitete bei „Burda“ in Offenburg, traf sie Louis an einem Schmutzigen Donnerstag morgens um sechs im „Burda-Sportclub“, und er forderte sie zum Tanz auf. Zwar gefiel ihr der Mann mit den schwarzen Haaren und der „wahnsinnigen Ausstrahlung“, doch sie ließ ihn stehen, kannte sie doch seinen Ruf als „Puppensammler“, der ihm vorauseilte. Doch Fischer ließ nicht locker: Bei einem Freund erkundigte er sich, ob die hübsche, junge Frau, Jahrgang 1949, liiert wäre. Als dieser verneinte, rief er sie unter einem Vorwand an und verabredete mit ihr ein Abendessen. „Das habe ich dann wieder abgesagt“, schmunzelt Gerlinde, ließ sich aber wenige Tage später auf ein unverfängliches Mittagessen ein. 1994 zog sie zu ihm nach Baden-Baden, wo Louis inzwischen lebte.

„Unsere Anfänge waren holprig“, sagt Gerlinde Fischer heute rückblickend und spricht weise: „Man muss lernen, den anderen zu lesen.“ Sie kennt ihren Louis aus dem Effeff und musste trotzdem schlucken, wenn er ihren Freundinnen schöne Augen machte. Flirten ist für ihn ein Spiel wie viele andere. Erhielt sie aber von einem Mann Komplimente, wurde er von der Einladungsliste für das nächste Fest gestrichen.

Umso mehr genoss und genießt sie die Reisen mit ihrem Mann. „Unser erster gemeinsamer Urlaub war eine Kreuzfahrt im Mittelmeer auf der Crystal Harmony. Das war unsere Verlobungsreise“, erzählt sie. Geheiratet haben die Dauerverlobten erst 2012 im Trauzimmer der „Wirtschaft zur Rosenburg“ in Stans in der Schweiz. Zu der Hochzeit im kleinen Kreis trug Gerlinde ein weißes Kleid mit einer silbergrauen Stola. Dieser Moment sollte nur ihnen und engen Freunden gehören. Große Feste feierten Fischers viele Jahre lang am 1. August, dem Schweizer Nationalfeiertag. Mit Musik und Feuerwerk wurden urige Almhütten unsicher gemacht.

„Im Gebirge zu leben, war schon immer Louis’ größter Wunsch“, berichtet sie, der es 2003 schwerfiel, Baden-Baden zu verlassen, auch wenn sie weiß, dass der Bürgenstock eines der „Sahnestückchen“ der Schweiz ist. Sie schwärmt von dem Ausblick auf die Berge, wenn sie morgens aufwacht, und der Sicht auf den Vierwaldstätter See beim Frühstück: „Schöner kann eine Landschaft gar nicht sein!“ Abwechslung von der Postkartenidylle bieten die Reisen. Oft waren Louis und sie in den USA, besuchten Franzl Burda und interessante Städte, natürlich auch St. Louis, oder urlaubten in Kanada. Heute schätzt das Paar am meisten Mittelmeerkreuzfahrten. Erst zu Gerlindes 70. Geburtstag im April 2019 bereisten sie Mallorca, die italienischen Inseln und Monaco, um im Anschluss noch eine Woche das Ferienhaus in Mougins zu genießen. Gerlinde liebt dieses Haus, das sie selbst sehr geschmackvoll eingerichtet hat. „Wir haben damals bestimmt dreißig Anwesen besichtigt und keines sagte uns zu“, erinnert sie. Bei einem letzten Termin habe sie dann Louis beobachtet, der bei dem Anblick des Hauses im mediterranen Stil „von einem Ohr zum anderen grinste“. Obwohl der Verkäufer nicht mit sich handeln ließ, schlug Fischer zu und stellte Gerlinde ein „großzügiges Budget“ für die Einrichtung zur Verfügung. „Ich habe dann etwas überzogen, weil ich eine wunderschöne alte Bibliothek entdeckt hatte, die ich unbedingt haben wollte“, gesteht sie. Franzl Burda habe sie unterstützt und den Freund überzeugt, dass Antiquitäten nicht zum Inventar zählten. „Louis haut's nicht raus und hängt's nicht raus“, lobt sie ihren Mann und meint: „Manchmal ist er fast zu bescheiden.“

Sie weiß, dass er sehr großzügig ist, gerne hilft und andere an „seinem Glück teilhaben“ lässt. Und sie schätzt, dass er sich nie in den Vordergrund stellt. „Ich habe wahnsinnig viel von ihm gelernt, wie man Dinge anpackt, pragmatisch und selbstverständlich“, sagt Gerlinde Fischer und macht ihm ein großes Kompliment: „Ich kann immer zu ihm aufschauen.“ Aufregend ist es mit ihm, auch wenn er manchmal aufbrausend ist. Als Beispiel erzählt sie von einem Abend in Mougins, an dem er früher zu Bett ging und sie noch mit Freunden bis morgens um halb vier in der Küche saß, trank, rauchte und quatschte. Das passte ihm nicht und er sprengte, fuchsteufelswild, die kleine Nachtgesellschaft. Doch so schnell Louis sich aufregt, beruhigt er sich auch wieder und der Schelm kommt durch. Gerlinde, die endlich schlafen wollte, brachte kein Auge zu. Neben ihr im Bett raschelte Louis so laut mit seiner Zeitung, blätterte, knisterte und knüllte, dass an Nachtruhe nicht mehr zu denken war.

Louis hat seine Gerlinde eben gerne um sich. Ein Blick, ein Küssle, eine Umarmung, die beiden gehen zärtlich miteinander um. „Er weiß, dass er sich auf mich verlassen kann, und umgekehrt ist es genauso", bekennt sie und äußert dann den schönen Satz, den wohl jede Ehefrau gerne sagen würde: „Ich spüre jeden Tag, dass er mich liebt."

Seit einem Vierteljahrhundert ist sie die Frau an seiner Seite. Geboren in Stetten am kalten Markt, wo Fischer in den 60ern für die Albkaserne baute, ist ihre Heimat heute dort, wo ihr Mann ist. Gerne kommt sie auch mit ihm nach Offenburg, wo sie selbst einige Jahre gewohnt hat. „Hier sind seine Wurzeln", weiß Gerlinde Fischer. „Wenn er mit den Leuten spricht, ist es so, als ob es nie einen Unterbruch, wie der Eidgenosse sagt, also nie eine Unterbrechung gegeben hätte." Daran ändere auch der Schweizer Pass nichts: „Louis ist in Offenburg zu Hause."

Louis Fischer vor der Dreifaltigkeitskirche in Offenburg, die sein Großvater zwischen 1906 und 1908 gebaut hatte.

Mit dem „Clown Gottes", Zirkuspfarrer Ernst Heller, bei einem Fest zum Nationalfeiertag in der Schweiz (oben).

Fischer beim sommerlichen Golfturnier unterhalb des Matterhorns mit dem Offenburger Dieter Roth (links).

„Wir haben uns getraut", grüßte das frischgebackene Ehepaar Gerlinde und Louis Fischer im Juni 2012 seine Freunde.

Gerlinde und Louis Fischer bei der „Aenne Burda“-Filmpremiere 2018 in Offenburg.

Louis Fischer mit Urenkel Louis, geboren am 5. November 2018.

Familienfoto zum 89. Geburtstag von Louis Fischer am 31. Oktober 2018 im Europa-Park: Enkel Ludwig Fischer, Viktor Degenstein, Enkelin Carina Degenstein mit Chiara, Gerlinde und Louis Fischer, Schwester Hanne Schmid, Ex-Schwiegertochter Andrea Fischer, Christa Fischer, Ehefrau von Matthias Fischer, Gaby Stolz, Lebensgefährtin von Ludwig „Lucki" Fischer (v.l.) und (oben, von links), die Söhne Matthias Louis und Ludwig Rico Fischer und Martina „Suse" Hund, Tochter von Hanne Schmid.

Zugabe

„Ich kenn' den Louis seit ich 16 bin!" Elfriede Oberleitner, die Skifreundin aus Jugendtagen, ist im April 2019 zu Gerlinde Fischers 70. Geburtstag in den Europa-Park gereist. Seit 1988 lebt sie mit ihrer Familie in Anif im Salzburger Land, outet sich in Rust aber sofort als Louis-Expertin. „Wir waren beide hervorragende Wasserskiläufer", erzählt sie und spricht begeistert von einem gemeinsamen Auftritt bei einem Fest von TV-Entertainer Hans-Joachim Kulenkampff am Bodensee: „Ich stand auf Louis' Schultern und habe eine Fahne geschwungen, während er auf den Wasserskiern seine Runden drehte." Kennengelernt hatte sie Louis über ihren Bruder Johnny: „Der war genauso ein verrückter Hund!", sagt sie, „beiden war keine Brücke zu hoch, um von ihr aus ins Wasser zu springen." Elfriede, Jahrgang 1938, schätzte Louis als Sportkollegen beim Skifahren oder Tennis, belustigte sich aber stets über seine Eroberungen: „Was der alles abgeschleppt hat aus dem Elsass!", schüttelt sie noch heute den Kopf, „alle superblond, deshalb haben wir seine elsässischen Freundinnen nur die Goldhähne genannt." In den 70ern aber verbrachte Fischer die Wochenenden mit Ehefrau Fee, Elfriede und deren erstem Mann sowie Hans-Gerd und Renate Himmelsbach am Bodensee. Dort hatte er in Bodman ein Holzhäuschen, das „Fischer-Haus", gemietet und ein Boot liegen. Tagsüber übte er mit Elfriede Kunststücke auf den Wasserskiern, abends überredete er sie, das Schiff seines Freundes Hans-Gerd zum Schaukeln zu bringen. „Es kommt Sturm auf!“, befürchtete Himmelsbach, ging an Deck und wunderte sich: Die See war ruhig. Seine Ehefrau Renate wusste sofort Bescheid: „Da kann nur der Louis dahinterstecken!“

Elfriede Oberleitner ist überzeugt: „Es gibt niemand, über den man so viele Lumpereien erzählen kann wie über Louis.“ Sie erinnert ein Abendessen Mitte der 60er in Fischers Wohnung in der Hauptstraße: „Fee war dabei, deren Mutter und die Mölders-Zwillinge Gaby und Trixi, mit denen ich zur Schule gegangen bin.“ Das Essen zog sich gemütlich in die Länge, es gab Fleischfondue, und normalerweise verabschiedete sich Louis, indessen die Gäste noch in froher Runde beisammensaßen: „Fee, du bleibsch uff! Ich geh scho mol ins Bett.“ Nicht so an diesem Abend: „Ich bring’ euch jetzt zur Tür!“, stoppte Louis die Unterhaltung, um wenige Minuten später, aller Kleidung entledigt, wieder aufzutauchen. „Splitterfasernackt, nur mit einem Hut auf dem Kopf, hat er uns vom vierten Stock auf die Straße runter gebracht“, berichtet Elfriede Oberleitner und schließt: „Das war das Ende der Vorstellung!“

Louis Fischer in den 1970ern am Bodensee: „Ich hock do wie ä Araber!"

Dank

an Louis Fischer – für die wunderbaren Geschichten

an Gerlinde und Louis Fischer – für die genussreichen Aufenthalte in Mougins, auf dem Bürgenstock, im Europa-Park und in Ortenauer Gasthäusern

an meine Interview-Partnerinnen und -partner:
Hubert Burda, Franz Dörfer, Gerlinde Fischer, Matthias Fischer, Andreas Friederichs, Norbert Friederichs, Josef Haas, Roswitha Höfler, Gertraud Hurrle, Richard Jaekel, Elfriede Oberleitner, Dieter Roth, Hanne Schmid, Reiner Schmid, Ewald Wolf und Ilse Wolf

an Roswitha Höfler – für das Wühlen in Archiven

Ute Dahmen

Impressum

Herausgeber:	Ludwig Fischer
Text:	Ute Dahmen
Lektorat:	Reinhold Klein
Layout:	Vollmone Werbeagentur GmbH, Offenburg
Reproduktion:	Reinhard Kalisch
Druck:	Franz Huber Druckerei und Verlag GmbH, Offenburg

Fotonachweis: Badische Zeitung Hubert Röderer (1), Manfred Buss (1), Ute Dahmen (1), Jorinde Gersina (1), Emil Höfler (2), Jüdisches Museum Berlin / Jens Ziehe (2), Mittelbadische Presse (1), Mittelbadische Presse / Ulrich Marx (1), Offenburger Hexenzunft e.V. (1), Privat Joachim Bahr (1), Privat Louis Fischer (28), Privat Hanne Schmid (9)
Wir haben uns bemüht, für alle Abbildungen die entsprechenden Inhaber der Rechte zu ermitteln. Sollten dennoch Ansprüche offen sein, bitten wir um Benachrichtigung.

Hauptstr. 124 a, 77652 Offenburg

ISBN 978-3-00-063489-5